PINOMICS

신흥부자로 가는길, 파이코인을 잡아라

구기압, 권용욱, 김용대
김현무, 박창용, 안동수
오경운, 이원일, 이효권 공저

대양미디어

파이코인 채굴은 생각보다 어렵지 않습니다.
우리 중 너무 많은 사람들이 암호화폐 혁명에서
소외되어 있습니다.

파이코인은 세계에서 가장 포괄적인 P2P 경제를 촉진하는
일반적인 사람들을 위한 암호화폐입니다.
230여개 국가에 5000여만 명이 함께하는 파이와 함께하세요.

파이코인 경제에는 당신의 돈 투자가 필요치 않습니다.
대신 당신의 관심과 노력, 그리고 참여가 돈을 만들어 드립니다.

들어가며

어느 시대나 변화는 늘 있었고 앞으로도 그렇게 될 것이겠지만 문제는 그 변화의 속도나 깊이가 공부하고 연습해 따라가기에 점점 더 어려워진다는 것이다. 그렇지 않아도 먹고살기 힘든 서민들은 생활비 벌기도 어려운데, 새로운 것을 더 익히고 따라간다는 것이 그리 간단치 않다.

그러면 그 변화의 바탕과 지속적으로 발전해 가는 축을 미리 알면 좀 쉽지 않을까? 인류가 살아온 길은 기술문명을 바탕으로 삼고 경제 발전을 축적해가는 발전의 도구를 만든 것이다. 그래서 출발점은 기술문명에 접속되느냐 접속되지 못하느냐로 구분된다고 할 수 있다. 그래서 지속적으로 발전하는 경제의 축을 잘 활용한 앞선 자와 정보조차 알아보지 못해 뒤처진 자로 구분되면서 빈부의 격차가 생기게 된 것이다. 이것은 문화지체 현상의 결과라 할 수 있다. 그래서 이 책에서는 이러한 문화지체 현상을 극복할 수 있게 하고, 내가 어떤 상태에 있는지를 알 수 있는 메타 인지능력을 향상시킬 수 있도록 안내하고자 한다.

지금까지 1차산업혁명 시기에는 종자나 재배기술이 중심이었고, 2차산업혁명 시기에는 증기기관에 의한 기계로 사람의 근육노동력을 대체하는 것으로 공장이 발전하게 되었다. 영국의 섬유산업이 그렇게 발전했고 세계 섬유시장을 영국이 장악하게 된 바탕이었다. 3차산업혁명 시기는 컴퓨터를 개발하여 IT산업을 시작한 미국이 경제의 세계중심 역할을 하게 된 인터넷 1세대 즉 웹1이 그 바탕이다.

　그러나 현재 우리가 일상으로 사용하고 있는 인터넷 2세대 즉 웹2는 기업과 인터넷 공룡회사들의 독점과 상업수단으로 인해 자유방임적 발전을 거듭해 온 결과 해킹과 가짜 정보, 개인정보 침해, 상업광고 등의 무분별한 범람으로 사용자는 피곤하고 이용만 당하는 소비재로 전락하였다. 조심한다고 하지만 모두가 보안해킹 문자나 보이스 피싱 등으로 잠시도 맘 놓고 사용할 수 없는 불안의 연속이다. 이것이 발전의 결과로 주어지는 행복인가? 아니다. 이제는 인터넷 2세대에서 나타난 소비자가 대기업의 IT 소모품으로 전락해 생겨난 인간의 인격 무시 문제와 부의 독점을 해결해야 한다.

　이제 우리가 겪고 있는 4차산업혁명은 IT 정보기반의 웹2에서 가치생성 중심의 웹3로 발전해 가고 있다. 그러면 이 웹3 즉 인터넷 3세대의 바탕과 중심축은 무엇일까? 그것의 핵심은 인간성 회복과 신뢰관계 회복, 그리고 신뢰사회 구축이다. 강한 자극을 좋아하는 요즘 세태에는 너무나 싱거운 논리라고 할지 몰라도 이 인간성 회복은 이 시대의 핵심가치다. 이제는 가짜 정보의 바다와 인공지능이라는 최첨단 도구로 진행되는 사회에서 진실과 신뢰를 만들어 가는 것은 현대의 가치 중의 가치이다. 이것을 해결할 수 있는 바탕이 블록체인이고, 그 위에 경제발전을 이끌 수 있는 축이 KYC를 전제로한 토큰경제(Tokenomics)와 메타버스경제(Metanomics)이다.

블록체인 기반의 토큰경제의 원조는 1세대가 비트코인(BTC)이고 2세대가 이더리움(ETH) 등의 많은 알트코인이라 할 수 있다. 그런데 BTC와 ETH는 이미 대자본가인 소수에게 예속되어 있어 일반 대중이 실생활에 활용할 수 없는 강 너머에 있다. 3~4천 만원하는 비트코인을 일반 서민들이 어떻게 보유하고 자유롭게 실생활에 활용할 수 있겠는가? 이더리움은 스마트 컨트랙트 기능과 응용프로그램의 모태가 되어 있긴 하지만, 여전히 서민들이 보유하고 결제수단으로 쓰기에는 확장성과 비용측면에서 역부족이다. 이런 필요성을 충족시켜 줄 수 있는 것이 파이코인이다.

2023년에 지구촌은 우크라이나와 이스라엘 등 몇 지역에서 전쟁을 치르고 있다. 이러한 위기에는 기존 종이돈보다는 암호화폐가 그 가치를 인정받고 있다. 이제는 금융의 틀이 바뀌고 있다는 것을 보여주고 있다. 보도를 보면 '비트코인 등 가상자산으로 막대한 자금을 모았다는 정황이 포착됐다는 보도가 나왔다. 미 월스트리트저널의 최근 기사에 따르면, 2021년 8월부터 올해 6월까지 약 2년간 하마스가 가상자산 계좌로 4천백만 달러, 우리 돈 550억 원가량의 가상화폐를 받은 것으로 파악됐다고 밝혔다.'[1]

이 책에서는 독자에게 현재 시점에서 가장 바탕이 되고 경제발전의 축이 될 가능성을 갖고 있는 기술문명과 경제발전 도구인 파이코인경제(Pinomics)를 소개하고자 한다. 파이코인 플랫폼은 2019년 초에 미국 스텐포드 대학교 컴퓨터공학과 니콜라스 박사 개발팀이 시작했다. 비싼 장비와 높은 수수료 없이 채굴을 원하는 모든 이들에게 휴대폰 응용력을 극대화하여 암호화폐를 확보할 수 있는 기회를 제공하자는 것이 기본취지이다.

필자는 3년 전 2020년 5월에 펴낸 『블록체인 디파인 혁명』에서 파이코인의 우수성을 보고 미리 확보하자고 준비를 제안한 바 있다. 그 후 많은 분들이 파이코인 채굴에 참여하여 현재 한국은 150~200만명 정도가, 세계적으로는 약 230개국에 걸쳐 4,700~5,000만 여 명의 회원이 참여하고 있어 세계적으로 확장성이 대단하다. 그리고 노드 기능 수행에 있어 2023년 9월 초 현재 한국이 1순위로 자리잡고 있다.

파이시스템 개발책임자들은 일반 사람들이 안전하게 운영하는 암호화폐와 스마트 플랫폼을 구축하는 것을 미션으로 하고 있다. 파이 개발팀은 인류의 경제 불평등 문제를 해결하려고 노력하는데, 이것이 파이의 철학이고 가치라고 할 수 있다. 2021년 이후 파이 개발팀은 세계에서 가장 널리 사용되는 암호화폐를 '파이 π'라 이름하여 포괄적인 글로벌 P2P 시장을 구축하고 있다. 이런 좋은 철학과 인성을 가진 주관자들이 만들어 가는 파이 시스템을 우리가 만난 것은 큰 행운이다.

이들이 추진하는 웹3 기반의 파이 생태계는 어느 정부나 중앙은행이 통제하는 것도 아니고 스스로 발전하는 혁명이라고 할 만한 암호화폐 플랫폼과 그 시스템이다. 이 코인의 가치는 글로벌 집단지성으로 경제생태계를 확장해나가는 실용 비즈니스 모델이다.

파이코인 플랫폼은 장기 학습 프로젝트이기 때문에 지속적인 학습과 실행만이 좋은 결과를 만들어 낼 수 있다. 우리 국민도 여기에 많이 합류하여 미래경제의 주요 기반이 될 블록체인 생태계를 많이 확보해 가면 좋겠다. 이제 우리 전문가들이 안내하는 방법으로 독자들의 코인재산을 만들어 갈 수 있다. 다만 그 크기는 각자의 활동에 비례한다. 독자의 파이경제 성공을 기원드린다.

2023년 10월 14일
대표 저자 안동수

차 례

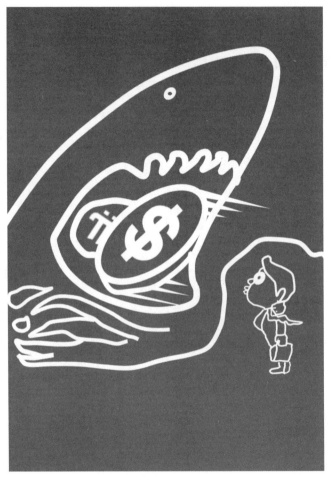

후배야!
그렇게 넋 놓고 있으면 당한단다!!

1장 불평등 사회의 원인과 그 대안

안 동 수

1. 경제경영 이념의 시대적 변천

인류의 역사가 시작되면서부터 시작된 경제활동은 각 시대마다 특성이 있고 다양한 경험과 시행착오를 거듭하며 돈에 대한 경영의 역사를 만들어 왔다. 여기서 그 대략의 역사와 특성을 아래 그림을 보며 살펴보자.

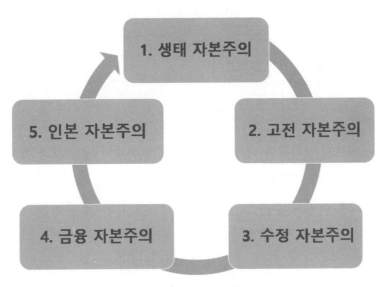

경제경영 이념의 변천

생태 자본주의

고대부터 시작된 생태적 자본주의는 자연과 함께 살아남을 수 있는 수단을 중시하며, 경제적 발전이 자연의 일부라고 생각하고 살았을 것이다. 환경을 숭배하며 살았기에 경제활동이 환경을 파괴하는 일은 적었을 것이다. 말 그대로 인간은 자연의 미약한 일부로 존재하였기에 이상적인 삶의 환경이었다. 그러므로 생태적 자본주의는 경제적 발전과 환경 보호를 동시에 추구하여, 지속 가능한 발전을 이룰 수도 있다.

요즘 개념에서 보면 생태적 자본주의는 환경 보호를 우선시하였을 것이기 때문에, 경제적 발전이 늦춰질 수 있고, 환경 보호와 경제적 발전을 균형적으로 추구하기 어려울 수 있다. 또한 생태적 자본주의를 실천하는 방법을 찾는 것이 어려울 수도 있다.

기업의 태동기 고전 자본주의

카를 마르크스는 고전 자본주의를 초기 자본 축적시대라고 했다. 15~18세기 자본주의 국가의 부 축적 방법은 식민지 약탈과 해적행위·밀수입·노예무역·상업전쟁에 의한 것이었다. 일찍이 세계사에 기록되지도 않고 알 수도 없는 소위 대항해시대라고 알려진 시대의 피비린내 나는 잔혹한 혁명으로 구축된 것이다. 물론 그것은 약하고 가난한 자에 대한 부유하고 강대한 자의 혁명이었다.[2]

고전 자본주의는 시장경제가 자유롭게 발전되면 경제 활동이 스스로 조절되어 경제적 발전이 이루어진다는 이론을 기반으로 한다. 이러한 시장주의 이념은 경제적 자유와 경쟁, 자본의 효율적인 이동 등을 중요시하는 경제체제를 뒷받침한다.

고전 자본주의의 장점은 경제 활동이 자유롭고 경쟁이 촉진되므로, 효율적인 자원 배분과 경제 발전이 이루어질 수 있다는 것이다. 이것이 기업의 경쟁을 유도하여 제품과 서비스의 질이 개선되고 소비자의 이익이 증대된다. 또 자본가의 경제적 자유와 권리를 보호하므로 개인의 창조적 활동이 촉진된다.

고전 자본주의의 단점은 경제적으로 강력한 기업이 시장을 독점하거나 권력을 남용할 수 있으므로 시장 경쟁이 공정하지 않을 수 있다는 것이다. 그래서 경제적 자유와 권리를 강조하면, 사회적 책임이 감소될 수 있다. 그리고 환경과 자원을 무한정 개발하는 시장 메커니즘으로 사회적 문제나 환경 파괴 문제 등이 생길 수 있다.

기업과 국가권력 중심의 수정 자본주의

수정 자본주의(修正資本主義, Modified Capitalism)는 자유 시장경제와 국가의 개입을 조화롭게 이용하는 경제 이념이다. 자본주의가 초래한 사회적 해악, 예를 들면 빈곤과 실업으로 인한 위기가 심화됨에 따라 자본주의 체제의 구조는 크게 변하였고 체제가 붕괴될 위기에 이르렀다.

이 이론은 자본주의 생산 관계를 변혁하지 않고서도 개량 내지 수정함으로써 근본적으로 제거할 수 있다고 보는 부르주아 이론이다. 사회 민주주의, 혼합 경제체제, 사회 보수주의 등을 총칭해서 수정 자본주의라고 부르기도 한다. 수정 자본주의는 시장경제의 이점과 국가의 보호 기능을 모두 결합하여, 경제적 발전과 사회적 안정을 동시에 추구할 수 있다는 것이다.

수정 자본주의는 국가의 개입이 지나치면 시장경제의 원활한 동작을 방해할 수 있다. 그리고 또 국가의 개입이 부당하게 이루어지면 기업의 자유와 권리가 침해될 수 있다. 세계 인구의 1/3이 참여했던 공산주의와 사회주의가 실패로 끝난 것도 과도한 국가권력의 시장 개입 때문이라고 할 수 있다. 2023년 중반부터 전면에 나타난 중국의 경제위기는 이러한 통제사회의 시장경제가 어렵다는 것을 보여주고 있다. 즉 사회에서 인권이 존중되지 않는 경제는 꽃 필수 없다는 교훈을 준다.

미국 중심의 현대 금융자본주의

금융자본주의는 자본과 금융의 이동성을 중심으로 자본시장의 개방성과 금융 자산의 다양성을 추구하며, 금융시장에 대한 개인의 자유와 권리 보호를 중요시한다. 1980년대부터 뉴딜정책과 케인스 경제학 이론에 따라 금융규제가 완화되자, 금융기관은 일련의 '금융혁신'을 단행해 수익을 극대화했다.

그 결과 산업의 희생 위에 '금융화'가 진행되고 금융 불안정성이 심화되었다. 이것이 불안한 금융자본주의의 시작이라고 할 수 있다. 그리고 그 불안은 2007~2009년 세계적 금융위기에서 정점에 달한다. 금융시장에서의 금융인들의 자유와 권리 보호가 강화되므로, 개인의 창조적 활동이 촉진된다. 또 금융시장의 선진화와 글로벌화로 인해 경제 활동과 자본 이동이 쉬워지므로, 경제 발전이 활발하게 이루어질 수 있다.

그러나 금융자본주는 다음과 같은 문제점이 발생한다. 먼저 금융 자산의 변동성이 높아지면, 금융위기의 가능성이 증가한다는 것이다. 그리고 금융 자산의 대규모 이동으로 인해 금융시장의 불안정성 문제가 발생할 수 있다. 더 큰 문제는 금융 자산의 집중화와 독점화로 인해 금융시장의 공정성 문제가 발생한다. 그래서 서민경제는 시간이 지남에 따라 더 심각한 경제 양극화 문제로 경제적 고통을 가중시키게 된다.

홍익인간 중심의 인본 자본주의

인본 자본주의는 기업이 사회적 책임을 다하고, 환경문제를 중시하면서도 경제적인 이익을 추구하는 경제 이론이다. 인본 자본주의의 장점은 사회적 안정과 경제성장을 동시에 추구할 수 있고, 이와 같은 양면적 실천방법을 찾는 것이 장기적으로 보면 현명한 경영전략이라 할 수 있다. 인본 자본주의의 어려운 점은 사회적 기여와 책임 등을 중시하다 보면, 기업의 경쟁력이 감소될 수 있고 초기에는 경제적 이익 추구가 제한될 수 있다. 그러함에도 불구하고 현재의 금융자본주의에서 발생하는 심각한 부의 양극화 즉 1~10%의 상위 소득자가 전체가 생산한 부의 60~70%를 독점하는 심각한 양극화 문제로 인해 더이상 지속가능하지 않다는 것이 지적되고 있다.[3] 이제는 인본 자본주의 경영으로 가야 할 시기가 도래한 것이다.

2. 불평등 사회의 현주소

아래 글은 엄변호사라는 분의 〈작고 따뜻한 시선〉이라는 글인데, 우리 사회의 일상화된 모습을 볼 수 있다. 어려운 사회의 차별화된 환경에서 어떤 소수의 인간들은 모질게 갑질을 하는가 하면, 또 다른 대다수의 사람들은 그래도 인간적인 따뜻한 심성을 갖고 살아간다. 아래 글에서 우리가 주목할 점은 현실의 사회 불평등이 얼마나 서로를 끌어내려 사회의 삶의 질과 경제적 효율을 떨어뜨리는지 느낄 수 있다.

아버지는 삼십 년 넘게 회사를 다니다가 퇴직했다. 아침에 일어나면 평생 기계같이 회사로 갔는데, 안 가니까 이상하다고 했다. 그 생활에 길들여져 있었던 것 같다.

그 얼마 후 아버지는 내게 일자리를 알아봐 달라고 했다. 그게 안 되면 길거리에서 만두를 만들어 팔아 보겠다고 했다. 정년퇴직은 인생의 경사진 언덕 아래로 굴러 내리는 것이었다. 아들인 나는 그걸 떠받칠 능력이 되지 않았었다. 그게 우리 사회 소시민들이 가야 하는 내리막길이었다. 그다음엔 아파서 요양병원에 있고, 그리고 죽는다.

서울대 법대를 졸업하고 연구직에 있던 동창이 있다. 그는 연구소를 퇴직한 후 교회의 경비원으로 취직을 했다. 그는 어느 날 주차금지 지역에 차를 댄 장로에게 원칙을 지키라고 했다. 평생 법과 원칙을 공부하던 버릇이 남아 장로의 특권을 생각하지 못했던 것 같다. 그는 당연히 일자리에서 잘렸다.

신문사의 논설위원으로 근무하다가 퇴직한 친구가 있다. 그는 주민센터에서 주는 노인 일자리를 신청해서 갔다. 거의 여성들이었다. 그는 팀장이라는 여성이 어떻게나 갑질을 하는지 그 마음을 풀려고 별짓을 다 했다고 했다. 그리고 나서야 일당 오만 원을 벌 수 있었다고 했다.

어제저녁 아파트 경비원의 경험담을 듣는 기회가 있었다. 무역회사 사장이었던 오십 대 후반쯤의 남자였다.

"부도가 나서 백수로 있었어요. 우연히 친구가 주유소에서 기름 총을 들고 알바를 하더라구요. 과거에 큰소리치며 살던 그의 변신을 보고 존경스럽더라구요. 출세했었거든요. 나도 아파트 경비원을 하겠다고 결심했죠. 그런데 그것도 그냥 되는 게 아니라 자격증이 있어야 하더라구요. 사흘 동안 경비교육을 받아야 한다고 해서 교육장에 가보니까 십이만 원을 내라고 하는 거예요. 돈도 카드도 없는 내 신세에 그 돈이 작은 게 아니었어요. 그래서 친구한테 전화를 해서 사정했죠. 친구는 내가 그렇게까지 됐는지 몰랐다고 하면서 한동안 말을 못하더라구요.

이력서에도 졸업한 대학을 숨겨야 했어요. 일 시키는 사람들이 불편해하니까요. 석 달짜리 파리목숨이지만 운 좋게 경비원 제복과 모자를 받았죠."

이어서 그는 경비원으로 일하면서 겪었던 일들을 얘기했다.

"경비원의 일은 하루하루 참아 나가는 것이었어요. 동 대표라는 분이 불법 주차를 하더라구요. 경비원은 투명인간이 돼야지 말을 하면 안 돼요. 삿대질을 하는 입주민도 있고 아들뻘 되는 젊은이가 턱으로

심지어는 발로 지시를 하더라구요. 다양한 형태의 갑질을 겪으면서 모멸감을 느꼈습니다. 그걸 견디지 못해 자살을 한 경우도 있잖아요?

엉뚱한 일을 시키는 입주민도 있었어요. 순찰을 도는데 한 입주민이 옷장을 옮겨달라고 하더라구요. 무거운 옷장이었어요. 그걸 하고 나와서 가는데 다시 불러요. 아무래도 원래 위치가 나을 것 같다고 원상회복하라는 거에요."

그 말을 들으면서 떠오르는 기억이 있었다. 정보기관에서 근무할 때였다. 그 조직은 민심을 파악하기 위해 압구정동에서 성남으로 가는 버스 안 승객들의 대화내용을 녹취했었다.

승객들은 대부분 부자촌인 압구정동에서 파출부를 하는 여성들이었다. 그들이 매일 부자들을 보면서 가지는 박탈감과 모멸감 그리고 증오가 가득했다. 그들은 세상이 뒤엎어지는 경우, 갑질하던 그 사모님들의 집을 빼앗고 그 자리에 있고 싶어 했다. 나는 그걸 보면서 사회적 겸손과 사랑이 있어야 증오의 독을 녹일 수 있을 것 같다는 생각이 들었다.

나는 사장 출신 경비원의 말을 계속 조용히 듣고 있었다.

"낮아지니까 전에 안 보이던 게 보이더라구요. 환경미화원, 대리기사 등 경제적 약자들이 이 사회의 밑바닥에 강물같이 깔려있는 걸 보고 놀랐어요. 내가 사장이고 아파트 입주민으로 있을 때는 보이지 않던 것들이었죠. 그렇지만 갑질하는 사람들은 목소리가 높은 극소수에 불과합니다. 대부분의 사람들은 상식을 벗어나지 않고 따뜻해요.

어느 날 밤 열 시경이었어요. 내가 있는 초소의 창이 살며시 열리고 한 고등학생이 붕어빵이 담긴 봉지를 넣어 주었어요. 마음이 따뜻해졌어요. 그리고 또 한번은 밤늦게까지 쓰레기 분리수거를 하고 있는데, 지나가던 입주민 아주머니가 포도 한 송이를 주더라구요. 보니까 비싼 고급 청포도였어요. 두 송이를 사가는데 그중 한 송이를 저에게 주는 거예요. 그 마음이 고맙더라구요. 낮아지니까 전에는 보이지 않던 것들이 많이 보입니다. 친구들 중에는 건강이 받쳐주지 않아 일을 할 수 없는 경우가 많아요. 그래도 저는 아직 일을 할 기회가 있어 행복하고 감사합니다."

누군가의 작고 따뜻한 시선이 그들의 가슴 속에 있는 고드름을 녹일 수 있었던 것 같다.

3. 스티글리츠가 본 〈불평등의 대가〉

우리나라와 지구촌의 경제 문제점들을 자세히 설명한 이 책은 조지프 스티글리츠의 『불평등의 대가 代價』이다.[4] 조지프 스티글리츠의 『불평등의 대가』는 세계 경제의 불평등으로 인한 문제점들과 이에 대한 대안을 자세히 설명한 책이다. 그는 노벨경제학상 수상자로서는 드물게 진보적인 입장을 취하는 학자로 자본 중심의 세계화에 강력한 비판자로 잘 알려져 있다.

그는 주로 미국의 현상을 이야기하였지만, 우리 한국도 미국경제의 복사판에 가깝기 때문에 우리가 심사숙고해야 할 내용으로 여기 인용한다.

『불평등의 대가』 저자
조지프 스티글리츠,
『불평등의 대가』

불평등의 대가

　그는 시장경제가 가져오는 오늘날의 불평등을 윤리나 정의의 관점에서가 아니라 바로 시장주의자들이 시장의 가장 중요한 미덕으로 선전하는 〈효율성〉의 관점에서 비판한다. 300년 전부터 경제학에는 시장경제의 성장 및 효율성과 분배의 형평성을 상쇄 관계로 보는 전통이 뿌리 깊이 박혀 있다. 불평등은 시장경제가 본래 가질 수 있는 역동성과 효율성과 생산성을 모두 마비시키고, 이것이 다시 효율성과 무관한 분배 구조를 고착화시킴으로써 파멸적인 악순환 고리를 형성하여 결국 사회 전체를 침몰시킨다. 따라서 불평등은 시장경제의 작동을 위해 어쩔 수 없이 용인해야 할 필요악이 아니라, 갖은 노력을 통해서 예방하고 시정해야 할 장애물이다. 이렇게 시장이 불평등을 생산하는 기계 장치의 성격을 벗어나고 경제적 평등의 기조가 자리 잡게 된다면, 현재 변질되고 타락한 여러 정치적, 사회적 영역의 제도 장치들도 민주주의와 사회적 건전성이라는 본래의 목표를 지향하는 제 길을 갈 수 있게 된다는 것이 스티글리츠의 주장이다.

이러한 불평등의 대가는 아주 비싸다. 불평등이 사회에 해로운 이유는 단지 그것이 윤리적으로 올바르지 않기 때문이 아니다. 무엇보다 불평등은 비효율적이다. 부유층은 상위 1%의 이익이 나머지 99%에게도 이익이 된다는 관념을 심어 주기 위해 자신들이 가진 모든 수단을 동원하여 중산층과 빈민층을 설득하고 있다. 하지만 이는 사실이 아니다. 스티글리츠는 이 책에서 오늘날 불평등이 얼마나 심각한 지경에 이르렀는지, 그리고 이런 불평등을 초래한 방식이 어떻게 경제성장을 저해하고 효율성을 떨어뜨리고 있는지를 명료하게 보여 준다.

불평등은 진공 속에서 생겨나는 것이 아니다. 그것은 시장의 힘과 정치적 권모술수가 상호작용하는 가운데 생겨난다. 우리의 정치는 오랜 기간에 걸쳐 사회의 나머지 구성원들을 희생시키면서 상위 계층에게 이익이 되는 방식으로 시장을 형성해 왔다. 정책적 대안은 분명히 존재한다.[5]

세계 도처의 사람들은 다음 세 가지 주제에 공명하고 있었다. 첫째, 시장은 제대로 작동하지 않고 있었다. 누가 보기에도 시장은 효율적이지 않았고, 안정적이지도 않았다. 둘째, 정치 시스템은 시장 실패를 바로잡지 못했다. 셋째, 현재의 경제시스템과 정치 시스템은 근본적으로 공정하지 않다.

이 책은 오늘날 미국을 비롯한 여러 선진 공업 국가들의 심각한 불평등 문제에 초점을 두고, 이 세 가지 주제가 서로 긴밀하게 연결되어 있음을 설명한다. 불평등은 정치 시스템 실패의 원인이자 결과다. 불평등은 경제시스템의 불안정을 낳고, 이 불안정은 다시 불평등을 심화시킨다. 우리는 이러한 악순환의 소용돌이로 빨려들어 가고 있다. 여러 가지 정책들이 조화롭게 결합하여 시행될 때에만 우리는 이 소용돌이에서 빠져나올 수 있다.[6]

정치는 대개 상위 계층에게 혜택을 주는 방향으로 시장에 영향을 미친다. 우리는 시장의 힘이 작용하는 방향을 바꾸는 데는 큰 영향을 미칠 수 없지만, 지대 추구(기득권을 유지하면서 과도한 이익을 지속적으로 챙기는 행위, 필자 주)를 제한하는 것은 우리 손으로 할 수 있는 일이다. 정치를 바로잡는 데 성공한다면 우리는 충분히 지대 추구를 제한할 수 있다.

정치권의 책임

아래는 조지프 스티글리츠의 『불평등의 대가』에서 한국에 대한 내용 중 선대인의 의견을 인용한 것이다.

기득권 구조를 갖는 세력들은 한국 사회의 주요 영역에 폭넓게 포진하고 있다. 정부와 정치권 및 관련 산업에 형성된 모피아나 토건족(금융 마피아와 불온한 기득권 정치세력, 필자주)은 한국 경제의 자원 배분과 정책 및 제도 결정을 좌우하고 있다. 재벌에 매수된 검찰과 법원 등은 재벌과 상류층의 구조적 불공정 게임에 솜방망이 처벌로 일관한다. 재벌 광고주들이 던져 주는 광고에 눈이 먼 기득권 언론들은 '삼성이 망하면 한국이 망한다'와 같은 거짓말로 국민들을 끊임없이 세뇌시킨다. 재벌 대기업의 용역을 받아 일하는 다수의 학자나 전문가들은 이들 언론의 보도나 정부의 결정에 기꺼이 권위와 허구적인 논리적 토대를 제공한다. 이렇게 지배 엘리트들 사이에 끈끈하게 '인지 포획'이 일어나고 1%를 위한 제도와 정책을 만들어 내는 '규제 포획'으로 이어진다.

그 결과는 막대한 일반 대중의 이익을 희생해 상류층의 독점적 이익을 보장하는 불평등 사회다. 국가가 재벌 계열사에 쥐꼬리만 한 면허세만을 받고 '황금알을 낳는 거위'인 면세점을 허용해 주거나 각종 민자 사업과 재정 사업을 벌이는 것이 대표적이다. 이들은 1%에게는 막대한 퍼주기를 지속하도록 하면서도 경제협력개발기구 국가들 가운데 복지 예산 비중이 가장 낮은 한국의 현실을 왜곡하며 '복지로 망한다'고 협박한다. 최소 주거 여건에 미달하는 가구가 13%에 이르지만, 이들을 위한 최소한의 주거 복지 서비스도 제공하지 않으면서 가진 자들의 집값을 떠받치기 위한 각종 세금 감면 책을 쏟아 내는 것도 이런 맥락이다. 이런 식으로 상위 1%에 일방적으로 유리한 제도와 정책, 법률 등을 누적시켜 온 결과, 한국의 불평등은 스티글리츠가 우려하는 미국 이상으로 극심해졌다. 이 같은 불평등을 반영해 사회는 갈가리 찢어지고 있다.[7]

한국 불평등은 OECD 최고 수준

어떤 경우를 들든 한국의 소득 불평등도는 경제협력 개발기구 국가들 가운데 가장 높은 수준으로 드러났다. 스티글리츠는 이 책에서 미국이 멕시코나 남미 국가들처럼 불평등이 심각한 나라가 되고 있다고 개탄했는데, 한국 또한 미국의 궤적을 뒤쫓아 빠른 속도로 불평등도가 높아지고 있는 것이다. 이 같은 빈부격차는 스티글리츠가 지적하듯이 교육 기회의 격차와 건강 격차, 사회적 이동성의 축소로 이어지고 있다. 지면 관계상 여기에서는 교육 기회의 격차만을 따져 보자.

한국은 공교육 비중이 낮아 세계에서 사교육비 비중이 가장 높은 나라인데, 집안의 재력에 따라 학생들의 진학 기회가 크게 달라진다. 이른바 포커판에서처럼 판돈(=사교육비)을 많이 댈 수 있는 학부모와 학생들이 승승장구할 수밖에 없는 구조다.[8]

이처럼 불평등이 지속적으로 악화된 결과 성장 잠재력마저 점점 떨어지고 있다. 불평등의 대가가 확연히 나타나고 있는 것이다. 실제로 경제성장률이 2011년 3.6%를 기록한 데 이어 2012년 2.0%에 머문 것이 이를 단적으로 보여 준다. 이명박 정부 5년 동안의 평균 경제성장률은 2.9% 수준으로, 이는 김대중 정부의 5.0%, 노무현 정부의 4.3%에 비해 큰 폭으로 하락한 것이다. 세계 경제 위기라는 상황을 감안하더라도 경제성장률이 2011년과 2012년 연속 세계 평균 경제성장률을 밑돈 것은 심각한 문제다. 이는 극소수 상류층과 재벌 대기업들로 부가 쏠린 반면, 대다수 서민들의 소득이 부족해져 지출 여력이 고갈된 탓이 크다. 이 때문에 대기업들 가운데도 내수주들의 실적은 갈수록 악화되고 있으며, 백화점이나 마트의 매출이 최근으로 올수록 점점 위축되고 있다. 가계 소득이 부족하니 아무리 좋은 물건을 만들어 낸다 한들 사줄 여력이 바닥나고 있는 것이다. 이처럼 경제적 불평등의 심화에 따라 경제의 성장성과 효율성마저 떨어지는 것은 멕시코와 남미 국가들에서 이미 목격한 바와 같다. 그런데 이 같은 궤적을 미국과 한국 같은 과거의 상대적 고성장 국가들이 빠르게 따라가고 있는 것이다.[9]

　그래서 다음과 같은 인과관계로 정책적 대안을 강구할 수 있다. 정치는 대개 상위 계층에게 혜택을 주는 방향으로 시장에 영향을 미친다. 우리가 시장의 힘이 작용하는 방향을 바꾸는 데는 큰 영향을 미칠 수 없지만, 정치를 바로잡는 데 성공한다면 우리는 충분히 불평등 문제를 줄여나갈 수 있다. 그러므로 우리는 정치에 적극 참여하여 현실의 경제적 제도문제를 해결해 가야 한다.

시장의 실패

　시장 옹호론자들은 시장이 안정적이라고 주장하지만, 우리는 세계 금융위기를 겪으면서 시장이 매우 불안정하며, 파멸적인 결과를 초래할 수 있다는 것을 확인했다. 금융업자들은 무분별하게 위험천만한 모험에 뛰어들었고, 정부의 지원이 없었다면 금융업자들은 물론이고 미국경제 전체가 무너졌을 것이다. 그러나 시스템을 세밀히 분석한 결과를 보면 이런 상황은 우연히 이루어진 것이 아니다. 시스템 자체에 금융업자들이 이런 행동을 하도록 하는 여러 가지 요인이 존재하고 있었다.[10] 아무리 시장이 안정을 이룬 상황이라 해도, 제대로 관리하지 않고 방치해 두면 시장은 심각한 불평등과 불공정을 초래하기 쉽다. 예를 들면 금융업자들은 빈곤층에게 약탈적인 대출을 시행하거나, 시한폭탄이나 다름없는 주택 담보 대출을 제공하거나 초과 인출 수수료라는 명목으로 국민들로부터 수십억 달러의 거액을 뽑아냈다. 정상적인 인간이라면 이러한 일을 저지른 것에 대해 조금이나마 양심의 가책을 느꼈을 것이다. 하지만 놀랍게도 이들 가운데 양심의 가책을 느낀 사람들은 극소수로 보였고, 내부 고발에 나선 사람들도 극소수에 불과했다. 이들은 대부분 더 많은 돈을 벌 수만 있다면 어떤 수단도 마다하지 않았다. 이들의 관행을 확인할 때마다 사람들의 가치관에는 조금씩 변화가 일어났다.

서브프라임 사태는 가난하고 못 배운 미국인들이 약탈 대상으로 이용되어 나타난 결과였다. 이런 상황은 대부분 '윤리적인 타락'이라는 말로밖에 설명할 수 없다. 금융업을 비롯한 모든 경제 부문에 종사하는 많은 사람들의 도덕성이 훼손되었다. 규범이 변화하여 많은 사람들의 도덕성이 훼손된 사회는 심각한 문제를 안고 있는 사회다. 자본주의의 올가미에 걸려들면 사람 자체가 달라지는 것 같다. 월스트엘리트로 금융계에 입성한 엘리트들은 학창 시절 성적이 훨씬 뛰어났다는 것 외에는 대다수 미국인들과 아무런 차이가 없었다. 애초에 이들에게는 인간의 목숨을 구할 수 있는 발명을 하거나, 새로운 산업을 건설하거나, 극빈층이 가난에서 벗어나도록 돕겠다는 꿈이 있었다. 그러나 이들은 그 꿈을 보류한 채, 믿기지 않을 만큼 많은 보수를 손에 넣기 위해 믿기지 않을 만큼 장시간 노동을 감수했다. 하지만 바로 이 과정에서 이들의 도덕성은 무너졌다. 결국 이들은 꿈을 보류하는 것이 아니라, 완전히 내던져 버렸다. 비단 금융기관만이 아니라 기업들 역시 대중의 원성을 살 만한 행위들을 다양하게, 그리고 지속적으로 수행하고 있다. 예를 들어, 담배 회사들은 매출을 늘리기 위해 은밀히 담배의 중독성을 높여 갔다.[11] 이제 인간들은 돈에 예속되고 로봇들은 날로 지능이 발전하고 있는 인공지능 시대가 되었다.[12]

Humans are hooked, machines are learning

4. 피케티가 본 경제 불평등 원인과 대안[13]

세계적 베스트셀러가 된 프랑스 경제학자 토마 피케티(Thomas Piketty)의 『21세기 자본, Capital in the Twenty-First Century』을

전문가들은 다음과 같이 평가하고 있다.

2008년 노벨경제학상을 받은 프린스턴대 경제학과 폴 크루그먼 교수는 책 소개에서 "이 책은 향후 10년 동안 가장 중요한 경제학 저서로 자리매김할 것이라고 말해도 과언이 아니다. 소득과 부의 불평등 연구에서 세계적 권위자인 피케티는 소득이 소수의 경제 엘리트들에게 집중되고 있음을 보여주는 것으로 멈추지 않는다. 우리가 '세습자본주의'로 다시 향하고 있고, 부유층 안에서도 상속자들이 경제 주도권을 쥐고 있으며 재능이나 노력보다는 태생이 중요해진다는 점을 드러낸다"고 말했다.

필자는 피케티의 『21세기 자본』을 평가할 만큼 전문적인 학자가 아니지만, 우리가 처해있는 민주주의와 자본주의의 발전을 위해 자체 모순인 양극화를 해결해가야 한다는 데 초점을 맞춘 그의 연구에 찬사를 보낸다. 그의 책은 학자로서의 객관적인 논리와 설득력 있는 역사적 과업이라고 할만하다.

소득 불평등의 과거와 미래

아래 그래프는 1910년부터 2010년까지 100년간 미국 국민소득의
계층 구조에서 상위 10%의 몫이 어떻게 변화되어 왔는지 보여준다.

미국의 소득 불평등(1910~2010), 피케티의 『21세기 자본』, 36쪽

상위 10% 계층은 1910년대와 1920년대에 국민소득의 40~50%
정도나 차지하고 있었다. 하지만 이들의 몫은 1970년대 말까지
30~35%로 줄어들었다. 그 후 1980년대에는 불평등이 크게 증가해
2010년까지 상위 10%의 몫은 전체 국민소득의 40~50% 수준으로
되돌아갔다. 그리고 현대에 와서 1980년대 이후 2010년까지 불평등
은 지속적으로 증가해왔다.[14]

19세기 이전의 역사에서 대부분 그랬고, 21세기에 다시 되풀이 될
가능성이 큰 것은 자본수익률이 크게 웃돌 때는, 논리적으로 상속재
산이 생산이나 소득보다 더 빠르게 늘어난다고 할 수 있다. 물려받은

재산을 가진 사람들은 자본에서 얻는 소득의 일부만 저축해도 전체 경제보다 더 빠른 속도로 자본을 늘릴 수 있다. 이런 상황에서는 거의 필연적으로 상속재산이 노동으로 평생 동안 쌓은 부를 압도할 것이고, 자본의 집중도는 극히 높은 수준에 이를 것이다. 그런데 이런 수준의 집중도는 능력주의의 가치, 그리고 현대 민주사회의 근본이 되는 사회정의의 원칙과 맞지 않는 것이다.

그러나 그는 "우리가 과거의 혼란에서 배운 것을 통해 자본주의를 더욱 평화적이고 지속 가능하게 조절하는 방법을 찾을 수 있다고 믿고 싶다."라고 했다. 또 그는 "자본주의 체제 자체는 불평등 경향을 되돌릴 수 있는 능력을 가지지 못했다."고 했다. 그의 주장은 〈뉴욕 타임스〉가 북 리뷰에서 '피케티 혁명'이라는 용어를 사용했을 만큼 현대 사회의 핵심적인 주제가 되고 있다.[15]

이 책의 핵심적인 내용은 그가 말한 대로 "우리는 앞으로 부와 불평등에 대해 더 이상 지금까지의 방식으로는 이야기할 수 없게 될 것이다. 우리는 '세습 자본주의'로 돌아가고 있는 것이다. 이런 체제에서는 재능 있는 개인이 아니라 족벌 왕조가 경제시스템의 사령부를 통제하게 된다."라고 할 수 있다.[16] 그래서 피케티는 현 불평등 문제를 해결하기 위해 고소득자에게 높은 소득세와 국제적으로 동시에 부에 대해 매기는 세금인 국제 부유세, 그리고 교육에 대한 공공투자 확대 등을 제안했다. 그리고 선진국 고소득자에 대해서는 80% 이상으로 세금을 올리는 게 적절하며, 모든 형태의 부에 대한 부유세를 신설해야 한다고 주장했다.

그는 그의 책 요약에서 "자본의 수익률이 생산과 소득의 성장률을 넘어설 때 자본주의는 자의적이고 견딜 수 없는 불평등을 자동적으로 양산하게 된다. 한가지 결론은 분명하다. 현대적 성장의 특징이나 시장경제 법칙과 같은 어떤 것이 부의 불평등을 줄이고 조화로운 안정을 달성할 거라는 생각은 착각이다."라고 강조했다.[17]

『21세기 자본론』으로 본 발전 방안

피케티가 말한 대로 적당한 수준의 불평등이 존재한다면 경제성장으로 모두에게 유익할 수 있다. 문제는 1%~10%의 자본가 부자들이 국민 경제성장 과실의 60~70%를 가져가는 지나친 불평등으로 모두에게 해를 입힐 수 있다는 데 있다.

KBS는 토마 피케티의 방한을 계기로 2014.10.10 〈KBS 파노라마〉 방송을 통해 피케티의 『21세기 자본』에서 각종 사례를 비교적 중립적 시각에서 자본주의의 문제를 조명했다. 피케티가 미국의 사례를 중심으로 20~21세기 초까지 상위 1%의 소득 계층이 차지하는 소득 비율을 연구한 내용을 상세히 방송했다. 그리고 KBS는 미국 상위 1% 기업가의 입을 통해, 그리고 한국의 정규직 전환 노동자의 인터뷰를 통해 피케티의 해결책이 그저 이상향이 아님을 부연 설명하였다.

피케티는 "나는 모든 사람에게 평등하게 적용되고 민주적 토론을 통해 보편적으로 받아들여지는 법의 지배아래 정의가 실질적으로 실현되는 것을 보고 싶다."고 하면서 "우리 사회가 정말 민주적일까? 21세기 자본주의가 나아갈 길은 어때야 할까? 민주주의가 자본주의의 노예가 되지 않도록 다 같이 노력해야 하지 않을까?"라고 질문아닌 주문을 하고 있다. 그의 연구결과를 다음과 같이 요약할 수 있다.

부와 소득의 불평등에 관한 어떤 경제적 결정론도 경계해야 한다는 것이다. 부의 분배는 언제나 매우 정치적인 것이었으며, 순전히 경제적인 메커니즘으로 환원될 수는 없다. 특히 대부분의 선진국에서 1910년에서 1950년 사이에 불평등이 줄어든 것은 무엇보다 전쟁의 충격을 극복하기 위해 채택한 정책들이 불러온 결과다. 이와 비슷하게 1980년 이후 불평등이 다시 커진 것은 대체로 지난 수십 년간 나타난 정치적 변화, 특히 조세 및 금융과 관련한 변화에 따른 것이다. 불평등의 역사는 경제적, 사회적, 정치적 행위자들이 무엇이 정당하고 무엇이 부당한지에 대해 형성한 표상들, 이 행위자들 간의 역학관계, 그리고 이로부터 도출되는 집합적 선택들에 의존한다. 불평등의 역사는 관련되는 모든 행위자가 함께 만든 합작품이다.

그러므로 우리는 양극화 문제해결을 일부 전문가에게만 맡기지 말고 경제학자, 정책수행자, 소비자 등 모든 경제 주체들이 종합적으로 협력해 나가야 할 것이다. 그래서 '자본과잉' 현상에 대한 대책과 피케티가 주장하는 글로벌 차원의 '자본과세'를 검토해야 한다. 그 실현 가능성의 문제는 차치하더라도 그의 제안은 실증적이고 또 역사적 관점에서 보더라도 논리적이다.

이상은 경제학자인 스티글리츠와 피케티의 연구 결과이다. 그러면 현대금융사회의 부의 양극화 문제를 유명한 경제학자나 정치가들에게만 신뢰할 수 있는 '신의 한 수' 같은 결론을 얻을 수 있는가?

아니다. 여기서 필자는 현대 금융자본주의에서 '을'의 편에 있었기에 상황 파악이 비교적 객관적이라고 생각한다. 이제는 재산을 잃고 억울해하는 '금융낙오자'의 형평을 고려할 수 있는 시대가 되었다. 나아가 현대판 '금융노예자본주의' 희생자들이 현상황을 파악하고 기운을 재충전하여 미래 금융혁신 대열에 동참하기를 기원한다. 그러나 이들이 활용할 수 있는 도구는 기존의 아날로그 종이돈 경제시스템이 아닌 미래 디지털기반의 블록체인 금융시스템이다.

5. 불평등 해소는 웹3의 지식혁명으로

그러면 세계적 경제학자인 스티글리츠와 피켓티가 주장하는 양극화의 솔루션은 무엇인가?

재분배를 비판하는 사람들은 재분배에 소요되는 비용이 지나치게 높다고 주장하기도 한다. 이들은 세금 인상 등의 재분배 정책은 생산자의 의욕을 꺾는 효과가 지나치게 크기 때문에, 중하위 계층이 누리는 편익이 상위 계층이 부담하는 비용을 상쇄하지 못한다고 주장한다. 우파는 흔히 재분배를 통해서 설사 불평등이 개선된다 해도, 성장이 둔화되고 국내 총생산이 감소하는 결과가 따른다고 주장한다. 현실은 정반대다.

오늘날의 부의 순환시스템은 중하위 계층으로부터 상위 계층으로 돈을 이동시키는 방향으로 지나치게 편중되어 있다. 이 시스템은 너무나 비효율적이다. 우리는 지금 갈수록 심화되는 과도한 불평등 때문에 값비싼 대가를 치르고 있다. 경제성장이 둔화되고 국내 총생산이 감소하고 있을 뿐 아니라 불안정이 갈수록 심화되고 있다. 게다가 우파는 함구하고 있지만 우리가 치르고 있는 대가는 또 있다. 민주주

의의 약화, 공정성과 정의 등의 가치 훼손, 국가적 정체성의 위기 등이 바로 그것이다.[18]

　그러나 이런 대안 정책들이 시행될 수 있으려면, 정책결정이 이루어지는 조직의 구성이 바뀌어야만 한다. 우리는 금융업자들에게 포획된 사고를 하는 사람들에 의해서 운영되는 통화 시스템, 상위 계층에게 유리한 방향으로 운영되는 통화 시스템을 더 이상 용납해서는 안 된다. 그러면 누가 이것을 해결할 수 있는가?

　위에서 본바와 같이 스티글리츠와 피켓티 두 학자 모두 경제와 제도를 움직이는 정치권에게 경제양극화의 책임이 있다고 결론짓고 있다. 그러나 지금 상태를 보면 현대 금융자본주의 운영체계나 부의 양극화 심화 문제가 해결될 가망성은 지극히 희박하다. 참담한 현실이다. 결국 경제 양극화에서 오는 서민경제의 어려움은 서민대중인 소비자들이 해결해야 하는 상황에 놓이게 되었다. 그러면 어떤 방법을 써야 문제해결이 가능할까? 필자는 다가오는 웹3시대에 진행될 화폐제도의 패러다임 쉬프트를 통해 그 문제를 해결할 수밖에 없다고 본다. 그렇지 않으면 모두가 동반 추락할 수밖에 없기 때문이다. 이제는 소리없는 내면의 지식혁명이 필요하다.

화폐제도의 패러다임 쉬프트

　지금까지 살펴본 시장의 실패는 자본주의 이래 이용해 왔던 아날로그 종이돈 경제에 대한 이야기이다. 지금까지 이용했던 다양한 화폐는 사회의 기반을 발전시키고 인류의 삶을 윤택하게 하는 혈류의 역할을 훌륭하게 해왔다. 그러나 자본주의 200~300여 년의 역사는 이제 정치권과 금융권의 욕심으로 찌든 상위 권력자들에 의해 대다수의 서민들은 갈수록 경제적 어려움이 커지고 있다. 미국 샌프란시스코의 아름다운 시가지는 노숙자로 넘쳐나고 마약에 찌든 어려운 서민들은 고통으로 삶을 마감하는 처참한 현실이 세계 1위 경제대국의 모습이다. 거기다 더 큰 문제는 이런 어려움을 해결할 현실적인 방법이 쉽지 않다는 것이다. 왜냐하면 미국 금융시스템 중개자(middle man)들의 제도 포획이 현실적으로 너무나 공고하기 때문이다. 이러한 현실에서 하나의 대안으로 나온 것이 블록체인을 기반으로 하는 비트코인의 가치이다. 블록체인은 앞으로 인류가 새로운 신뢰문화를 만들어 낼 수 있는 현실적이고 실용적인 대안이 될 수 있다. 그러나 필자의 경험상 인류가 사랑하고 키워나가야 할 훌륭한 블록체인이라는 도구를 사람들은 외면하기 일쑤다. 왜냐하면 메타인지능력의 격차로 인해 생기는 문화지체 현상이 크기 때문이다. 메타인지능력은 인지능력의 한 종류로, 자신의 인지능력을 인식하고 관리하는 능력을 말한다. 메타인지능력을 향상시키면 자신의 생각과 감정을 더 잘 이해하고, 효과적인 대처 전략을 개발하며, 더 나은 의사결정을 내릴 수 있다. 그러나 이제 토큰경제로 가는 화폐제도의 패러다임 쉬프트는 역사 발전의 도도한 흐름이다. 아무도 거부할 수 없는 토큰경제(Tokenomics)시대로 패러다임이 바뀌고 있다.

박성준 센터장은 '현대에 있어 새로운 세상은 블록체인 세상이고, 새로운 경제는 암호 경제이며 새로운 부의 원천은 디지털 자산이다. 이 시대의 화두는 암호화폐를 이해하는 자가 미래의 부와 권력을 잡게 되고, 정보를 갖는 자가 미래의 부와 권력을 잡는다. 그러므로 블록체인(암호화폐)은 대한민국의 미래이며 청년들의 희망이다'라고 했다.[19] 우리가 미래를 준비함에 있어 실수를 하면 안되는 이유를 잘 설명해 주고 있다.

문화지체 현상은 메타인지능력 향상으로 극복해야

사람과 사람 사이에는 여러 가지 여건이 다르기 때문에 대부분 문명과 문화의 지체 현상이 생기게 마련이다. 문명 기술의 경우는 전문적인 분야라 당연히 이해의 차이가 발생한다. 특히 우리가 이야기하는 코인 사업을 논하는 경우 대부분이 블록체인 문명과 그 지체 현상 때문에 사업은 고사하고 인간관계까지 망치는 경우도 발생한다. 사업진행에 필연적으로 발생하는 문화지체 현상과 메타인지능력의 차이 때문이다. 우리는 이 문제를 우선 이해하고 어떻게 해결해야 할지 알아보자. 인공지능 askup의 도움을 받아 필자가 정리한 결과는 다음과 같다.

우선 기술문명의 지체 현상은 많은 사람들이 겪고 있고 첨단 기술 쪽으로 갈수록 커진다. 과거 2차, 3차산업혁명 즉 기계 기술과 컴퓨터와 IT기술 초기에는 변화의 속도가 상대적으로 느려서 공부하고 그것을 적용하고 활용하는데 시간적 여유가 있었다. 그러나 4차산업혁명의 진화된 웹3 인터넷 3세대 기술에서는 문명지체현상이 점점 커진다. 그다음에 나타나는 문화 지체 현상은 말 그대로 문화적인 이해의 정도나 경험과 견해가 다르기 때문에 나타난다. 이는 문화적인 변화에 대한 저항, 전통과 현대가 충돌하는 상황, 사회적인 제약 등으로 인해 발생할 수 있다. 이러한 문화 지체 현상을 극복하기 위해 몇 가지 방안을 활용해 보자.

우선 문명과 문화의 지체현상은 개인의 메타인지능력이 떨어지는 것이 주요 원인이라 할 수 있다. 메타인지능력을 키우기 위해서는 다음과 같은 방법을 활용할 수 있다.

- 자기인식과 사고: 자신의 감정, 생각 및 행동에 대해 깊이 생각하고 분석하는 것이다. 자기인식을 통해 자신의 강점과 약점을 파악하고 개선할 수 있다.

- 명상: 명상을 통해 마음을 집중하고 주의를 집중시킨다. 또한 명상을 통해 자신의 생각과 감정을 관찰하고 조절하는 능력을 향상시킬 수 있다.

- 자기평가와 목표설정: 자신의 감정, 생각 및 행동에 대해 평가하고 분석하는 능력을 키운다. 그리고 자기 목표를 설정하고 달성하기 위한 계획을 수립하는 능력을 키운다.

- 학습과 독서: 새로운 지식과 아이디어를 습득하고 다양한 주제에 대해 폭 넓게 읽는 것은 메타인지능력을 향상시키는 데 도움이 된다. 다양한 분야의 책을 읽고 지식을 넓히는 습관을 갖는 것이 좋다.

- 문제 해결: 다양한 문제를 해결하는 연습을 하면서 창의적인 사고와 분석력을 향상시킬 수 있다. 복잡한 문제를 단계별로 분해하고 가능한 해결책을 찾는 것이 중요하다.

- 도전과 실패: 새로운 도전에 맞서고 실패를 허용하는 것은 메타인지능력을 키우는 데 중요하다. 실패를 통해 배우고 성장할 수 있

는 자세를 갖는 것이 좋다.

　언어가 다르고 관습이 다른 외국인 간에는 말할 필요도 없지만, 같은 내국인 간에도 다양한 문화를 존중하고 타인의 관점을 이해하며, 편견을 극복하는 노력이 필요하다. 서로 다른 문화 간의 대화와 이해를 통해 상호적인 관계를 구축하는 것이 중요하다. 나아가 문화 다양성에 대한 교육과 인식 확대가 필요하다. 교육 체계에서 다양한 문화를 포용하는 교육을 실시하고, 사회적으로 문화 다양성에 대한 인식을 높일 수 있는 캠페인 등 다양한 활동을 진행하는 방법도 있다. 이러한 방법들을 실천하면서 메타인지능력을 향상시킬 수 있다. 그러나 어떤 방법을 선택하든지 꾸준한 실천과 연습이 중요하다. 결국 모든 것이 자기의 몫이고 자기 할 나름이다.

MEMO

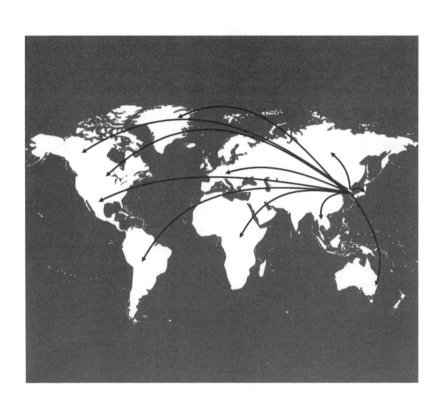

2장 한국의 글로벌 리더국가 달성

안 동 수

1. 디지털 대항해시대의 경영과학

대항해시대(大航海時代)란 15~18세기 동안 유럽인들이 항해술을 발전시켜 아메리카로 가는 항로와, 아프리카를 돌아 인도와 동남아시아, 동아시아로 가는 항로를 발견하고, 최초로 세계를 일주하는 등 다양한 지리상의 발견을 이룩한 시대를 말한다. 이러한 새로운 항로를 통해 세계 여러나라를 침략하고 약탈하며 포루투칼과 스페인, 영국 등 유럽국가들이 경제권을 넓혀간 시대였다.[20]

그러면 21세기 디지털 대항해시대 경영방향은 무엇일까? 이제까지의 세계 아날로그 금융경제는 승자독식 기반으로 90% 이상의 서민이 살기 힘든 양극화 경제체계가 심화되고 있다. 그러함에도 각국 정부는 헌법에 보장된 국민의 생명과 재산을 보호해 주지 못하고 있다. 이제는 미래경제를 이끌 디지털 금융 가상자산 중심의 경제체계가 필요하다.

지금은 21세기를 지배할 결정적 도구는 군사력 같은 하드파워 보다는 화폐와 문화 같은 소프트 파워가 될 것이다. 지금 벌어지고 있는 미·중 간의 패권전쟁도 결국은 금융으로 결론나고 있지 않은가?

쑹훙빙(宋兵) 중국 글로벌 재경 연구원장은 『화폐 전쟁』에서 "21세기를 지배할 결정권은 핵무기가 아닌 화폐다. 화폐를 통제하는 자가 세계를 지배한다."라고 했다. 그리고 지금 미·중 간의 패권전쟁 결과는 무역과 금융을 비롯한 국가 간의 거래에서 어느 화폐를 많이 쓰느냐로 세계적 경제 패권이 재편되고 있다.

IT와 다양한 한국문화를 통해 세계 문화를 선도하고 있는 우리나라는 이제 디지털 대항해시대를 맞이하여 세계 여러나라를 경제평화로 이끌 수 있는 능력배양이 필요하다. 그래서 다른 나라 국민이 한국국민을 믿고 따를 수 있는 정신적 기반이 필요한데, 그것이 '국제신뢰자본'이다. 이제 신뢰자본으로 글로벌 경제를 경영하는 리더국으로 한국이 나서야 한다. 어떻게 보면 이것은 한국의 시대적 운명이라 할 수 있다.

2. 동심원적 다원주의 구상

2023년 9월에 서울대학교 국가미래전략원에서 〈한국 주도 동심원 전략〉이라는 2023년 연차보고서가 나왔다. 여기서는 강대국으로서의 한국이 국제무대에서 외교관계를 어떻게 구상하는 것이 이상적인가를 설명하고 있다. 지금 우리가 논하고 있는 가상자산을 중심으로 한국이 세계 리더국가로 가야 한다는 주장을 잘 뒷받침해주는 논리를 제공하기에 여기에 인용한다.[21]

한국은 산업화에 따른 경제성장, 민주화에 따른 정치 발전으로 역사적 부흥을 맞이했다. 한국은 국력의 변화에 따라 국가 정체성을 다시 규정하고, 그에 맞는 새로운 국가 전략을 모색해야 하는 시기에 직면했다. 국가의 국력 향상에 비례해서, 국가가 취할 수 있는 전략적 선택지도 그만큼 확대되었기 때문이다. 강대국으로 부상한 대한민국에는 국민과 국익을 위한 새로운 담론 작업이 필요하다. 한국의 정체성을 고민할 때, '중화사상'에서 기원한 주변국 의식은 재검토가 필요한 관념적 유산이다. 중화사상은 동아시아에서 중국이 유일한 초강대국이었을 때는 평화를 유지하는 데 효과적이었지만, 지금은 상황이 바뀌었다. 과거의 중화사상을 계속 의식함으로써, 관성적인 초강대국 편승 전략이라는 문제점을 초래했다. 19세기 서구 열강들이 동아시아 지역에 진출하면서 중화 질서에 따른 강대국 편승 전략만으로는 평화를 유지할 수 없다는 한계가 드러났다. 원칙 없이 강대국 편승에만 기대는 외교 전략은 국가의 생존과 국민의 안전에 기여할 수 없었다.

한국은 이러한 국력 변화에 따라 주변국에서 중심국으로서의 정체성을 수립하고, 이에 따른 새로운 외교 전략을 수립해야 한다. 강대국 발전 전략의 두 흐름, 즉 개방적 네트워크 국가 전략은 자유를 확대하면서, 세계 각 지역에서는 무역과 통상을 통해 경제적 번영을 추구한다. 개방적 네트워크 국가들은 민족이나 국가의 패권보다는 통상을 통한 국익에 더욱 관심을 둔다. 이를 위해 대외 정책에서 통상의 자유 혹은 해양의 자유를 강조한다.

폐쇄적 민족주의 국가 전략은 민족주의를 동원해 중앙집권적인 전체주의 국가를 만들고, 그로 인해 단기간에 강대국으로 부상한 국가들이 있다. 이 전략의 문제는 민족주의 동원을 위해 외부의 위협을 지속적으로 설정해야 한다는 점이다. 이 과정에서 전쟁에 개입하면서 국력을 소진하게 된다는 결정적 한계에 직면한다. 즉 통상의 안전이라는 현실적 국익보다는 민족의 생존이나 민족의 영광과 같은 신화적인 국가 목표를 설정하게 되는 것이다. 강대국 한국이 취해야 할 국가 정체성은 폐쇄적 민족주의보다는 개방적 네트워크 국가여야 한다.

개방적 네트워크 강대국은 통상의 자유를 통해 경제적, 문화적 번영을 이룩하고, 이러한 번영을 다른 국가들과의 협력 관계 속에서 공유해 갈 수 있다. 이러한 전략은 한국이 외부 세계를 받아들임으로써, 외부 세계로 끊임없이 확장되어 가는 국가의 미래상을 보여 준다. 개방적 네트워크 강대국을 지향하는 한국은 증대된 국력과 전략을 바탕으로 적극적인 외교 역량을 발휘해야 한다. 한국은 지난 시간 동안 진취적인 도전 정신을 발휘해 역동적인 발전을 이뤄내면서, 글로벌 강대국으로 거듭났다. 더 이상 과거의 나약했던 조선이 아니다. 경제적으로 미국과 중국이 의존하는 반도체를 비롯한 4차 산업의 핵심 기술과 제조 능력을 보유하고 있고, 강한 군사력(Global Fire Power 6위, 2023년)과 고성능 무기 생산 능력도 지니고 있다. 문화적으로는 K-팝, K-드라마, K-웹툰, K-게임의 성지가 되었다. 한국의 문화와 상품이 세계로 뻗어 나가고, 수많은 외국인 이 한국을 방문한다. 다른 국가들은 세계적 네트워크 국가인 한국과 우호적 관계를 유지하고자 한다. 한국은 이러한 강점을 통해 다른 국가들과 네트워크를 형성하고, 이를 국제관계에서 전략적으로 활용해야 한다. 제국주의 역사의 부채

감 없이 중심국으로 부상한 한국이 이제 다자주의적 리더십을 발휘할 기회가 가까이 오고 있다.

　주요 국가들과 긴밀한 협의를 통해 소자나 다자 외교를 주도적으로 추진하고, 국익을 우선하는 적극적인 외교정책을 펼쳐야 한다. 이러한 진취적인 그물망 외교를 통해 '만사한통(萬事韓通, 모든 일이 한국으로 통한다)'의 비전을 실현할 수 있다. 자유롭고 공정한 세계 질서 유지에 기여하는 것은 한국의 국익에도 부합한다. 한국이 일구어낸 경제적 번영은 자유로운 통상을 통해 얻은 결과였다. 따라서 자유로운 개방적 네트워크 국가로서의 정체성을 계속 견지해 나갈 필요가 있다. 통상의 자유, 교역로의 안전을 위해서는 다른 국가와의 협력이나 동맹 또한 적극적으로 구상해야 한다.

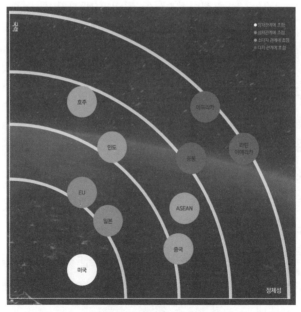

한국 중심의 동심원 전략 개념

장기적으로 주요 국가들의 정체성과 국력의 변화에 따라, 한국의 동심원적 네트워크 구조 속에서 다른 국가들의 위치가 변동될 가능성도 유념해야 한다.

　긴 시간 앞에 영원한 것은 없다. 미국과 중국의 정체성과 국력도 변할 수 있다. 이 관계에서 한국은 원칙적 입장(position)을 견지하면서도 현실적 변화에 대응한 유연한 정책(policy)을 추구해야 한다. 도덕적 가치와 원칙을 존중하면서도, 그것이 정치적 급진주의로 이어지지 않도록 자제하는 '실용적 이상주의자(practical idealist)'의 접근법이 필요하다. 성리학적 도덕과 명분에 집착한 구한말 '위정척사(衛正斥邪)' 사상이 정치적 급진주의의 일례이다. 위정척사파는 시대의 변화를 읽지 못하고, 성리학 근본주의 시각에서 서양을 금수(禽獸)로 간주했으며 조선의 개항과 통상을 반대했다. 조선이 해외로 발전할 수 없는 족쇄를 채운 것이다.

한국 주도 강대국 외교 구상

　중심국이자 강대국으로 부상한 한국은 지구상에 존재하는 거의 모든 국가와 교류해야 한다. 이러한 이상적 방향성을 이루기 위해서는, '한국 주도주의'에 기반한 '동심원 전략'을 실천할 필요가 있다. '한국 주도주의'란 주체의 위치와 그 시선의 방향에 대한 정보를 함축한다. 초강대국의 시각에서 그 주변에 위치한 한국이 아니라, 지구적 네트워크의 중심에 자리 잡은 한국의 국가 정체성으로 전환해야 한다.

또 자국의 국익뿐 아니라, 강대국의 위치에서 져야 하는 범세계적 책임감을 지녀야 한다. 글로벌 중심 강대국은 현실에 두 발을 단단히 딛고, 구름 너머의 넓은 세계를 바라볼 수 있는 '거인(巨人)의 눈' 또는 '망원경의 눈'을 가져야 한다. 이것이 '만사한통'의 시작이자 근본이다. 한국 주도주의의 토대는 국민의 명확한 자기정체성에 대한 인식에 기반해야 한다. 역사 인식은 이러한 자기정체성 구축의 토대다. 격동하는 세계정세 속에서, 한 국가가 자기정체성을 확립하는 것은 그어느 때보다도 중요하다. 국력의 상승이라는 물질적 요인과 함께, 자기정체성이라는 정신적 요소를 모두 성취했을 때 비로소 성숙한 국가로 자리매김할 수 있다. 성숙한 강대국은 큰 어른의 품성과 책임감을 느껴야 한다. 이처럼 미래 한국은 물심양면으로 강(強)하고, 사유와 포용의 그릇이 큰(大) 나라(國), 초일류 강대국(強大國)을 지향해야 한다. '개방적 네트워크 강대국'이라는 정체성은 한국이 외부 세계를 받아들임으로써, 외부 세계로 끊임없이 확장되어 나가는 국가의 미래상이다. 즉 세계 속에 한국이, 한국 속에 세계가 공생하는 비전이다. 니콜로 마키아벨리는 고대 로마의 발전 요인을 분석한 로마사 논고에서 '고대 로마는 끊임없이 확장했기 때문에 생존할 수 있었다'라고 지적했다. 로마처럼 반도에 위치한 국가는 세계를 이끄는 위대한 국가가 되거나 아니면 다른 국가에 흡수되어 소멸하는 두 가지 운명에 처할 가능성이 크다고 한다. 반도 국가는 강대한 정치 세력들의 경쟁에 연루되어 언제든 사라질 위험에 처한 곳이면서, 동시에 외부 세계로 확장해 나가기에 좋은 곳이다. 한국은 강대국으로 부상하는 행운을 누렸지만, 여기서 더 발전하지 않는다면, 소멸할 운명에 처할지도 모른다. 운명을 이끄는 주체는 글로벌 기준에 부합하는 정치적 리더십

이다. 이 주체에게는 세계사적으로도 보기 힘든 한국의 발전을 이어

갈 용기와 지혜가 필요하다. 우리의 국력과 정체성에 기반한 '동심원

전략'이 그 출발점이자 나침반이 될 수 있다

3. 블록체인의 탄생 배경과 현실적 가치

2008년은 금융권과 기득권 정치세력에 대한 반발로 사토시 나카

모토라는 분이 비트코인을 출시한 해이다. 사토시 나카모토는 개인

인지, 조직인지 아직 밝혀지지 않았다.

Bitcoin: A Peer-to-Peer Electronic Cash System

Satoshi Nakamoto
satoshin@gmx.com
www.bitcoin.org

Abstract. A purely peer-to-peer version of electronic cash would allow online payments to be sent directly from one party to another without going through a financial institution. Digital signatures provide part of the solution, but the main benefits are lost if a trusted third party is still required to prevent double-spending. We propose a solution to the double-spending problem using a peer-to-peer network. The network timestamps transactions by hashing them into an ongoing chain of hash-based proof-of-work, forming a record that cannot be changed without redoing the proof-of-work. The longest chain not only serves as proof of the sequence of events witnessed, but proof that it came from the largest pool of CPU power. As long as a majority of CPU power is controlled by nodes that are not cooperating to attack the network, they'll generate the longest chain and outpace attackers. The network itself requires minimal structure. Messages are broadcast on a best effort basis, and nodes can leave and rejoin the network at will, accepting the longest proof-of-work chain as proof of what happened while they were gone.

비트코인을 세상에 알리기 위한 논문 1페이지

사토시 나카모토씨가 비트코인을 세상에 알리기 위한 논문은 '비트코인: 개인간 전자지불시스템'[22]인데, 논문의 결론을 요약하면 다음과 같다.

- 우리는 전통적인 화폐시스템을 불신하기 때문에 새 전자 거래 시스템을 제안한다.
- 디지털 서명(작업증명)으로 만들어진 코인 시스템은 강력한 통제력을 제공한다.
- 디지털 파일은 복사 등으로 불완전하기에 거래의 공개기록을 위해 작업증명을 사용하는 P2P 네트워크를 제안한다.
- 제대로 된 노드를 갖는 망이라면 공격자가 해킹을 위해 망을 변조하는 것은 계산적으로 비실용적이다.
- 이 합의 메커니즘을 통해 필요한 모든 규칙과 인센티브를 제공할 수 있다.
- 완벽한 전자화폐 시스템은 온라인을 통해 일대일로 직접 전달할 수 있다. 이 과정에서 금융기관은 필요하지 않다.
- 인터넷 상거래는 일반적으로 제3자인 은행이 보증하는데, 이런 시스템에서는 신용에 기반한 근본적 결함이 있을 수밖에 없다. 은행 등 금융기관이 해킹과 위, 변조의 문제가 있다.

논문이 발표된 해에는 미국 투자 은행 리만 브라더스 파산과 함께 글로벌 금융위기가 찾아왔다. 은행도 파산하면서 금융시스템에 대한 신뢰가 무너지기 시작했다. 이것을 통해 금융 거래를 전 세계적으로 신뢰 바탕위에 저렴하고 편리하게 하겠다는 의도가 논문에서 읽혀진다. 이것은 신뢰를 강제로 묶어내는 기계인 Trust Machine의 출현이 세상에 알려진 중요한 사건이다.

사토시 나카모토씨가 주장하는 핵심 논리는 인류사회의 신경영 시스템인 Block Chain과 토큰경제의 기본인 것이다. 이 시스템으로 세계 70억 인구 중 평균 약 51%인 36억 명의 은행계좌를 사용할 수 없는 환경이 개선될 것을 기대한다.[23] 나아가 양적완화, 즉 인플레이션으로 국가와 중앙은행이 불균형 국가경영을 하는 것이 근절될 수 있기를 바란다. 그래서 사람의 인격은 무너지고 사회의 신뢰는 말뿐인 신뢰사회가 살아갈 맛이 나는 새로운 〈블록체인 신뢰사회〉로 바꿔질 수 있기를 기대한다.

4. 글로벌 블록체인 산업 추진 현황

우선 세계적으로 진행되고 있는 최첨단 산업현장이라 할 수 있는 CES2023 5가지 핵심 키워드를 살펴보면 다음과 같다.[24]

- Web 3 / Metaverse : 인공지능, 블록체인을 기반으로 맞춤형 정보를 제공하는 3세대 인터넷 / 3차원 가상현실 메타버스가 향후 미래 ICT 산업의 주요 트렌드가 될 것
- 모빌리티Mobility : 자율주행, 전기자, 차량용 소프트웨어 등을 중심으로 한 미래 모빌리티 관련 신기술이 미래 산업의 주축으로서의 지위를 이어갈 전망
- 디지털 헬스Digital Health : 팬데믹 이후 건강에 대한 인식이 향상되고 헬스케어 수요가 급증하면서 헬스케어 분야의 디지털 전환 추세가 가속화될 것

- 지속가능성Sustainability: 혁신 기술을 에너지 보존, 전력 생산량 증진, 식량난 해결, 스마트 도시 건설 등 인류의 지속 가능성에 기여하는 방향으로 개발(ESG 경영)
- 인간안보Human Security: 1994년 유엔이 식량안보, 의료개선 등 인간을 둘러싼 주요 이슈를 묶어 주창한 개념으로, 경제안보, 환경보호, 개인안전, 정치적 자유 등

우리는 지금 아무도 가보지 않은 신금융세계 가상자산 산업의 다가오는 시장을 목표로 야간 항해를 하고 있는 격이다. 야간 항해나 전투에는 목표지점에 불빛이 있는 등대가 큰 도움이 된다. 그게 없으면 많은 시행착오가 발생하기 때문이다. 지금 우리나라 암호화폐 산업계가 참고할 등대로 경제 선진국인 미국과 중국 그리고 일본의 동향을 살펴보고자 한다.

근래 미국에서는 기득권을 대표하는 증권법 권력 SEC와 신권력으로 다가오는 암호화폐 산업계가 대립하고 있지만, 법원에서 신권력에 힘을 실어주고 있는 상황이라 할 수 있다.

중국은 미국의 글로벌 금융패권에 도전하기 위해 CBDC를 주축으로 하는 암호화폐에 올인하고 있는 상황이다. 그러나 혼란한 경제 상황으로 인해 당분간 모호할 것으로 생각된다. 추측컨데 아날로그 화폐경제에서 달러패권에 도전하는 것이 어렵다고 판단하고 향후 CBCD와 암호화폐를 내세워 미래금융의 글로벌 패권에 도전할 것으로 보인다. 그러나 비트코인 채굴력은 중국이 1위이고 미국이 2위로

디지털 금융은 중국이 앞서가고 있다.

한편 일본은 잃어버린 30년의 압축된 에너지로 미래 인터넷 웹3세대 산업에 새로운 도약을 시도하고 있다. 기시다 후미오 일본 총리가 2023년 6월 일본에서 열린 웹3 행사인 웹엑스2023 기조연설에 나서 웹3 부흥을 위한 정부 차원의 지원을 약속했다. 지금까지 웹3 블록체인에 대한 강경 규제로 일관하던 일본 정부가 최근 규제완화 및 생태계 부흥으로 기조를 선회한 상태에서, 일본 내각의 수반인 현직 총리가 관련 공개행사에 모습을 드러내 확고한 의지를 대내외적으로 선언한 셈이다. 블록체인 및 웹3 전략을 고도화할 별도의 기구까지 설치하며 강력한 의지를 보이고 있다. 특히 디지털 시대를 뛰어넘어 탈중앙화의 웹3까지 단숨에 치고 나가는 것이 눈길을 끈다. 일본은 2022년 7월 경제산업성이 웹3 전담 사무처를 신설하는 한편, 2023년 4월 정부 차원의 웹3 백서를 승인하는 등 전향적인 분위기로 변신했다. 웹3 백서에는 토큰심사의 발행 및 유통은 물론 중앙자율조직 (DAO)에 대한 청사진, 그리고 NFT 및 블록체인 일반에 대한 사업 생태계 육성방안이 담겼다.

이를 바탕으로 일본 국세청은 마운트콕스 및 코인체크 사태 후 50%로 부과되던 가상자산 과세 정책도 수정했다. 가상자산 발행사가 보유한 자산에 대한 세율을 면제하는 한편 개인의 가상자산 소득세도 20%로 낮추는 것이 골자다.[25]

그러면 우리나라는 상황은 어떤가? 지난번 2023년 중반에 있었던 '국회와 행정부가 처리한 김남국 방지법' 등 일련의 코인경제 인식은 최악이었다. 그동안 코인경제를 외면하고 억압하면서 어떻게든지 암호화폐 산업을 들여놓지 않겠다는 일념으로 대처했던 제도권은 김남국 암호화폐 사건으로 한번에 견고했던 성문을 활짝 열어 버린 결과가 되었다.

이렇게 뒤틀린 코인 제도화 환경을 더 꼬이게 한 것은 언론이다. 특히 군소 언론사는 광고 유치상 시청자의 눈을 끌기 위해 김남국 국회의원 상황을 흥미 위주로 보도했던 것이다. 이제는 좀 더 체계적이고 선제적으로 글로벌 토큰경제 상황을 살펴보고 국가의 미래 산업발전을 위해 노력할 때다. 흔히 말하는 총체적 후진성을 면하지 못하고 있다. 우리나라 행정부 공직자들이 예의 주시해야 할 상황이다.

5. 한국의 토큰경제 활성화 방안

이제 가상자산 또는 암호화폐로 불리는 토큰경제는 거슬러 갈 수 없는 역사의 수레바퀴이다. 그러함에도 불구하고 한국의 금융과 정치권의 권력자들은 자기들의 유리한 현재의 금융시스템만을 귀하게 여기고, 가상자산 암호화폐는 '서자취급'하기 일쑤였다. 특히 한국의 국가 경영자들이 현실인식을 제대로 한다면 이제는 서둘러 나서야 할 시기다. 이러한 내용을 잘 설명한 박찬익 교수의 칼럼 〈가상자산 산업 발전을 위한 제언〉을 여기 소개한다.[26]

가상자산산업은 블록체인 기술을 통해 실현되는 새로운 시장이며, 동시에 기존 금융업이나 게임컨텐츠 시장에도 크게 영향을 준다는 점에서 매우 복잡한 특징을 갖는 시장이다. 이는 태생적으로 금융적 가치를 다루는 시장이므로, 소비자 보호 및 자금세탁 방지 등을 위해 법적 규제는 불가피하다. 정부에서는 지난 2021년 3월 25일자로 특정금융정보법(이하 특금법)을 가상자산시장으로 확대 시행하였다. 그러나 막 태동하고 있는 신규 시장인 가상자산산업의 발전을 위해 꼭 필요한 최소한의 규제를 시행하고 있는지 판단이 필요한 시점이다.

가상자산은 탈중앙화 및 익명성 특성을 가지는 블록체인 환경에서 생성되고 거래되므로, 가상자산 이상 거래를 직접적으로 감시하는 데 한계가 있다. 특금법에서는 가상자산을 통한 이상 거래를 감시하기 위하여, (1) 가상자산사업자의 신고 (2) 금융사 실명계정 확보 (3) 고객확인, 의심거래보고 등 자금세탁방지 의무 (4) 가상자산 이전시 정보 제공(트래블 룰) 등을 규정하고 있다. 소비자 보호를 위해 일정 수준의 정보보호체계를 준비해야 하며, 자금세탁 방지는 반드시 필요하므로, 가상자산사업자의 신고 의무와 자금세탁방지 의무는 반드시 필요한 규제이다. 그러나 금융사 실명계정 확보 의무 및 트래블 룰 적용 의무는 가상자산산업이라는 새로운 시장 발전을 위해 재고할 필요가 있다고 생각한다.

첫째, '금융사 실명계정 확보'란 가상자산사업자는 금융사 실명계정과 연계된 사용자 계정만을 대상으로 서비스를 제공하도록 하는 규정으로, 가상자산 거래의 투명성을 제고한다. 그러나, 특금법에서는 가상자산사업자별로 한개의 금융사와 연계하도록 규정하고 있어, 가상자산사업자를 기존 금융사에 종속시키는 결과를 초래함으로써 가상자산사업자들 간 공정 경쟁을 해치게 된다. 만일 가상자산사업자가 실명계정을 A 은행애서 B 은행으로 변경하는 경우, 고객들은 불가피하게 B 은행에 신규 계정을 생성해야 하는 등 사회적 비용을 증가시킨다.

둘째, '트래블룰'은 백만원 이상의 가상자산 거래시 송/수신 사용자 계정에 대한 실명 확인을 의무화하는 규정으로, 가상자산사업자들 간 가상자산 거래에는 반드시 고려해야 한다. 송/수신 계정에 대한 실명 확인 방법에 따라 다양한 트래블룰 프로토콜들이 가능하며, 가상자산사업자들은 상호 합의하는 특정 트래블룰 프로토콜을 선택할 수밖에 없다. 이는 결과적으로 가상자산사업자들로 하여금 특정 트래블룰 프로토콜을 중심으로 연합하도록 유도하는 것으로, 가상자산사업자들간 자유 경쟁을 저해한다. 각국의 금융 상황이 상이하므로, 국가간 가상자산 거래에는 트래블룰이 반드시 적용되어야 한다. 이를 위해, 2019년 국제자금세탁방지기구(FATF) 가 가상자산 거래에 대한 트래블룰 권고안을 발표한 바 있다. 그러나 국내 사용자들간 가상자산 거래에 대하여는 트래블룰 이외의 다양한 선택 방안이 존재하므로 신중하게 결정할 필요가 있다. 특금법에서 가상자산사업자에게 요구하는 '금융사 실명계정 확보'와 '트래블룰' 규정은 모든 가상자산 거래에 실명 계정을 사용하도록 의무화하는 것으로, 온라인 금융실명제와 유사하다.

블록체인 환경에서 진행되는 가상자산 거래 주체는 블록체인 주소로 표현되는 지갑계정이다. 따라서 가상자산거래 실명제를 위해서는 블록체인 지갑계정의 실명 인증이 필요하다. 이를 위해 가상자산 거래에 사용하는 블록체인 지갑계정은 현재 온라인 뱅킹에서 사용중인 공인인증서 혹은 사설인증서에 기반하여 생성된 계정으로 의무화하는 규정으로 충분하다. 즉 특금법에서 가상자산사업자에 의무화하는 '금융사 실명계정 확보' 및 '트래블룰' 규정은 삭제하더라도 가상자산거래의 투명성 확보라는 목적을 충분히 달성할 수 있다. 또한, 모든 가상자산거래 기록은 블록체인상에 영구히 저장되므로 사후 감사에 대해서도 높은 수준의 신뢰성을 보장할 수 있다.

기업은 태생적으로 소비자들의 선택을 받기 위해, 기존 시장을 혁신을 통해 파괴하거나 혹은 새로운 시장을 만들어 간다. 공정한 경쟁과 소비자 보호를 위해 법적 규제가 필요하다. 특히 새로운 시장이 막 태동될 시기에는 다양한 서비스들이 출시되고 공정 경쟁을 통해 시장 규모를 키워나가도록, 적정한 수준의 법적 규제를 결정하는 것이 매우 중요하다.

대체불가토큰(NFT), 탈중앙 금융(DeFi), 메타버스 등과 연관된 가상자산 산업은 새롭게 태동하는 시장이며, 또한 우리나라가 글로벌 경쟁력을 가지고 있는 게임콘텐츠 산업 발전에도 큰 파급효과를 가질 것으로 예상한다. 신규 가상자산 시장에서 가상자산사업자들간 공정한 경쟁을 통한 산업 발전을 지원하는 것은 매우 중요하며, 이를 위해 국내 법적 규제를 최소화하는 노력이 필요하다. 우리나라에서 수십년간 축적해온 공인인증서 운영 경험 및 노하우를 블록체인 환경에 적극적으로 활용해야 하는 시점이다.

6. 세계금융 평화를 위한 국제기구 필요성

지난 200년보다 훨씬 더 큰 변화를 맞이하게 될 향후 10년은 한국에 있어 대단히 중요하다. 특히 메타버스는 국경없는 거대한 글로벌 경제 세상이다. 이제 메타버스로 유통은 물론 금융·교육·부동산 등 모든 것이 바뀌게 된다. 주위 사람들이 메타버스 공간으로 이사 가는데 이런 변화를 모르면 나만 섬나라에 사는 꼴이 될 수 있다. 나아가 세계의 메타버스 지도국으로 어떻게 다른 나라들을 이끌어 갈 수 있을까를 고민해야 할 것이다. 우리나라의 국력과 국민적 역량, 그리고 우리나라의 fast follower와 first mover들이 메타버스를 잘 발전시켜서 세계적으로 모범이 되는 모델로 발전시켜 간다면 부족함이 없을 것이다.

그러나 느린 정부와 무책임한 국회가 문제다. 일본은 웹2를 뛰어넘어 단숨에 웹3블록체인 전략에 시동을 걸었다. 현금중심에서 곧장 핀테크로 직행한 중국 핀테크 전략과 비슷하다. 일본은 2022년 7월 경제산업성이 웹3전담 사무처를 신설하는 한편, 2023년 4월 정부 차원의 웹3백서를 승인하는 등 전향적인 분위기로 변신했다.

이는 여러가지 규제와 의혹에 발목이 잡혀 구한말 흥선대원군 시절 '쇄국정책'에 머물러 있는 현재의 한국과 선명하게 대비된다. 실제로 한국은 블록체인 웹3시장에서 조금씩 지워지고 있다. 블록체인 데이터 플랫폼 기업 체이널리시스가 공개한 동아시아 가상자산 생태계 보고서에 따르면 2021년 7월부터 2022년 6월까지 일본 NFT 거래량은 567억 달러를 기록, 한국의 두 배에 육박했다. 한국이 미래

시장 장악력을 급속도로 잃고 있다는 것을 알 수 있다. 일본 웹엑스 2023 현장에 수 많은 한국 기업들이 달려가는 것도 큰 틀에서는 인재 유출에 해당된다. 한국의 웹3장악력 약화 배경에는 블록체인 웹3관련 기업을 죄악시하고 폄하하는 정부의 정책 때문이다. 우리가 지금의 웹3 쇄국정책을 폐기하고 발 빠른 미래 전략을 보여줘야 한다.[27]

글로벌 토큰 이코노미를 이끌어야 하는 한국

17세기 금융의 중심지는 네덜란드 암스테르담이었는데, 이렇게 된 배경은 그들이 천연자원이 부족하고 국토는 바다보다 저지대에 있다는 것을 유리하게 이용하여 생산보다는 교역에 눈을 돌렸기 때문이다. 이들은 16세기 말 영국과 함께 스페인의 무적함대를 물리친 영향력으로 대서양의 주도권을 장악하고 1602년 동인도회사를, 1609년 암스테르담은행을 설립하여 세계 금융중심을 이루었다. 18세기에는 영국의 런던이 세계 금융중심을 이루었다. 대항해시대를 개척하여 해외 식민지를 통치하며 막대한 부를 가져와 경제 부흥을 이루었는데, 이것은 당시 금융의 중심역할을 했기 때문이다.

20세기에는 뉴욕 맨해튼의 월스트리트 유대인 중심금융이 달러 패권으로 세계금융을 장악했다. 그러나 달러 패권을 남용하여 세계경제를 투기경제로 이끌며 각종 금융 파생상품을 만들어 국제적 금융위기를 만드는 등 많은 문제를 안고 있다. 특히 현대 금융자본주의의 '돈 놓고 돈 먹기식' 경영은 자본주의의 본래 장점을 외면하고 많은 낭떠러지 서민을 만들고 있다.

이제 21세기는 디지털 화폐의 미래 시대가 왔다. 그 중심지가 어디가 될지는 아직 아무도 모른다. 그러나 다른 나라를 침략하지 않는 한국인의 평화정신, 나아가 지구촌 주민들을 다 같이 이롭게 살게 하자는 한국의 전통적인 홍익인간 사상을 가진 한국이 그 중심지가 되어야 세계 금융경제의 평화를 이끌 수 있다. 모두 한국이 그 중심에 설 수 있게 준비하자. 다가오는 코인경제와 메타경제 크기를 수용할 수 있는 능력을 충분히 키워야 글로벌 블록체인 리더국이 될 수 있다.

경제 양극화 문제의 해법 암호화폐 산업 육성

인류가 직면한 금융경제의 문제점은 양극화라는 난제다. 더구나 세계경제는 냉혹한 자본주의 경영에서 비롯된 경제의 양극화 문제가 계속 심화되고 있다. 이것은 지금 진행되고 있는 금융자본주의의 필연적 결과라 할 수 있다.

이러한 경제양극화는 사회경영의 효율을 악화시켜 구성원들의 소득을 떨어뜨린다. 이것은 사회를 불안하게 하고 인간성을 더욱 타락시켜 삶의 질을 떨어뜨리고, 인류를 돈의 노예로 심화시켜 나갈 것이다. 이것은 앞으로 인류전체의 경제평화를 더욱 악화시켜 서민들을 더욱 큰 경제고통에 빠지게 할 것이다. 이 양극화 문제를 완화할 수 있는 대안으로 서민들이 할 수 있는 유일한 길은 코인경제를 서민에게 널리 확산시키는 방법뿐이다. 세상의 많은 일들이 디지털로 변이되는 추세에 따라 디지털 금융 Tokenomics의 환경도 점차 제도권으로 자리잡아 가고 있다.

비트코인, 이더리움과 몇 개의 우수한 알트코인이 메인넷을 출시하는 등의 방법을 통해 점차 제도권 금융계로 나갈 준비를 하고 있거나 확산 추세에 있다. 그러나 BTC 나 ETH 등 메이져 코인은 대자본을 동원한 구매자가 얼마든지 쉽게 끌어모을 수 있는 코인자산이다. 그래서 이런 메이져 코인은 서민경제에 널리 활용하기가 어렵다. 이러한 용도에 맞는 코인이 파이코인인데, 메인넷이 세상에 널리 알려지면 새로운 토큰경제가 활성화될 것으로 기대된다.

그러나 이러한 본격적인 암호화폐 시장이 활성화되면 이 과정에서 나오는 코인 사기, 부적절한 사업 등의 부작용은 어느 국가를 막론하고 사회에 큰 부작용과 충격을 주게 될 것이다.

이러한 금융피해는 불신사회가 조장되고 금융발전을 저해하기 때문에 미리미리 문제점을 파악하고 대처하는 것이 필요하다. 그중의 하나가 일반 대중에 대한 암호화폐 경제에 관한 교육이다.

그리고 한국정부는 미국 CBDC가 디지털 금융경제의 기축통화가될 것을 염두에 두고, 2030년경까지의 '디지털 금융 경제 글로벌전략 로드맵'설계가 필요하다. 현재 한국내 암호화 산업을 미래 글로벌 CBDC와 연동되도록 육성해야 혼란과 국민경제손실, 나아가 투자자들의 피해를 최소화할 수 있을 것이다.

나아가 메타버스 경제를 어떻게 육성할 것인지 정책 방향을 조속히 그리고 바르게 잡아야 한다. 현재 발흥하는 공공분야 메타버스 경제 역시 글로벌 CBDC통화에 맞도록 육성하여야 할 것이라고 생각된다. 한국정부가 민간 메타버스 산업계를 연계 및 통제 가능하도록하는 로드맵도 필요하다.

국가발전의 삼위일체론

최근에 발간된 박웅서의 책 『NEW WEALTH of NATIONS』에서 저자는 국가발전의 삼위일체 필수론을 주장하며, 한국을 국가발전의 삼위일체가 실천되고 있는 특별한 예로 소개하고 있다.[28]

여기서 삼위일체란 전쟁이 없는 평화국가로서, 자유로운 활동이 보장되는 민주사회, 그리고 시장 경제체계안에서 안정적이고 충분히 성장한 중산층을 구축하는 것을 말한다. 그의 주장을 요약하면 다음과 같다.

자국 영토에서의 전쟁을 효과적으로 억제할 수 있는 강력한 능력, 즉 평화를 유지하는 능력이 지속적인 경제성장을 위해 필수적이라는 것은 분명하다. 한국은 지난 70년간 휴전의 혜택을 누려왔다. 그것은 한국인들에게는 축복이다.

침략을 억제할 수 있는 충분한 힘이 없으면 경제 발전은 불가능하며, 강력한 경제력을 구축하지 않으면 효과적인 전쟁 억제도 이루어질 수 없다. 그리고 개인의 재산 소유권과 언론의 자유를 보장하여 사회적 투명성을 유지해야 하고 정치 지도자의 부패를 합리적인 수준에서 통제해야 지속적인 경제 발전을 이룰 수 있다. 민주적인 정치 체제가 필수인 것이다. 아시아 국가, 더욱이 자유시장경제가 없는 사회에서 국가적으로 막대한 번영을 이룬 사례는 전혀 없다. 여기서 한국의 경험은 삼위일체처럼 세 가지 축복이 한 묶음으로 온다는 것을 보여준다.

특히 필자는 세번째 조건인 '정적이고 충분히 성장한 중산층을 구축하는 것'이 이 책에서 주장하는 바와 같다는 측면에서 중요하다고 생각한다. 많은 서민을 코인경제에 접목시켜 중산층으로 만들어가야 국가의 발전이 완성된다는 것을 강조하고 싶다.

그리고 이제는 "미래를 예측하지 말고 만들어라! Do not Predict the Future, Make it"이라고 주문하고 있다. 맞는 주장이다. 이제 글로벌 리더급 국가로 성장한 한국에 있어 성장은 더 이상 한국경제의 목표가 아니다. 왜냐하면 앞서가는 나라가 없을 때는 한국 스스로가 새로운 미래를 개척해 가야 하기 때문이다.

블록체인 원리로 글로벌 금융평화를 추진하는 기구 IBCO 설립

민간이 주도하고 공기관이 협력하는 글로벌 기구로 토큰경제로 가는 로드맵을 제시하고 새로운 문명에 따른 사회의 충돌을 미연에 방지하는 국제기구가 필요하다. 이 책의 공저자들 중심으로 국제블록체인문화기구(IBCO, International BlockChain Organization)설립을 추진하고 있다.

IBCO로고

IBCO의 기능과 목표는 코인경제를 통한 다양한 수익창출 방법을 세계 서민들에게 교육 홍보하여 양극화 문제해소에 도움을 준다. 그리고 우리는 블록체인의 기본가치인 신뢰사회와 금융안정, 그리고 홍익인간정신 기반의 인성함양 등에 기여하고자 한다.

앞으로 예상되는 코인시장 활성화에 따라 필연적으로 나타나게 될 다양한 사기사건 등 미혹에 대비하는 교육을 통해 이러한 문제를 미리 사회에 알림으로써 토큰경제가 안착하는 데 기여한다. 이 기구를 통해 글로벌 각국의 서민들이 디지털 기술과 문화 교육을 통해 경제에 안착할 수 있도록 한다.

정부는 케이팝, 한류를 중심으로 국제협력을 표방하며 경제협력기구를 추진하고, 저변으로는 외국 정상들과 블록체인과 CBDC 전략 등을 협의한다. IBCO는 한국의 K-Culture 문화와 국제신뢰를 자본으로 G3 국가를 달성할 수 있는 현대 자본주의 역사에서 유일한 기회를 살릴 수 있도록 하는데 노력할 것이다.

국제 블록체인 문화 기구 IBCO 운영

Pi Network가 오픈 메인넷 이후 DAO 조직으로 운영되면, Pi Network의 모든 구성원이 Pi Network의 운영에 참여할 수 있다. Pi Network의 구성원들은 Pi Network의 정책과 방향에 대해 투표할 수 있다. 향후 파이재단에서는 파이노믹스의 전 세계 실현에 대비해 다양한 커뮤니티의 지원도 계획하고 있다. 전 세계가 블록체인 경제로 전환되고 있는데, 이에 대비해 국제 블록체인 문화 기구인 IBCO는 파이코인의 글로벌 디지털화폐로서의 입지를 앞당길 수 있도록 할 것이다. 본 기구는 블록체인 기술의 발전과 확산을 촉진하고, 블록체인 기술을 기반으로 한 새로운 문화를 창출하기 위해 다음과 같은 활동을 할 예정이다.

- 블록체인 기술에 대한 교육과 홍보
- 블록체인 기술을 기반으로 한 새로운 비즈니스 모델과 서비스 개발
- 블록체인 기술을 기반으로 한 새로운 문화 콘텐츠 제작
- 블록체인 기술을 기반으로 한 새로운 교육 프로그램 개발

한국을 중심으로 IBCO는 블록체인 기술의 발전과 확산을 촉진하고, 블록체인 기술을 기반으로 한 새로운 문화를 창출함으로써, 전 세계의 경제와 문화를 발전시키는 데 이바지할 수 있을 것이다.

IBCO를 한국에서 설립하면, 다음과 같은 장점이 있다.

- 한국의 우수한 디지털 인프라를 활용할 수 있다.
- 한국의 IT 인재와 IT 기업의 역량을 활용할 수 있다.
- 한국의 문화와 가치를 전 세계에 알릴 수 있다.
- 한국의 경제와 문화 발전에 이바지할 수 있다.

이 기구를 세계적인 금융도시로의 도약을 위해 한국의 금융도시를 추진하고자 한다. 전 세계적으로 유명한 금융도시로 도약할 가능성이 있는 지역에 국제학교를 설립하면서 IBCO를 유치하면 블록체인 기술의 발전과 확산을 촉진하고, 블록체인 기술을 기반으로 한 새로운 문화를 창출하는 역할을 할 수 있을 것이다.

7. 미래 토큰경제의 최강후보 파이 네트워크

지난 2008년부터 태동되어 오늘까지 약 15년여를 발전해 온 암호화폐 코인 산업과 그 시장은 그야말로 돈만 따르는 불나방이들이 불속으로 뛰어드는 것 같은 투기와 광풍의 역사였다고 해도 과언이 아니다. 그러나 그 코인시장이 제 모습을 갖추기는 앞으로도 수년은 걸려야 할 것으로 예상된다. 그럼에도 불구하고 그렇게 쉽사리 안착할 수 없을 것 같았던 코인경제가 이제는 다양한 경험을 통해 시대발전의 지도가 생겨나고 안목도 길러졌다.

필자는 개인적으로 블록체인 정신에 제일 가까운 비즈니스 모델은 파이 시스템이라 생각한다. 그 알트코인 시스템 중에서 블록체인 정신에 제일 가깝게 기준을 제시하고 키워왔기 때문이다. '이제 파이 플랫폼은 성공할 수밖에 없다'고 여러 전문가들이 평가하고 있다. 메인넷이 출시되면 Pi Network가 세계에서 가장 영향력 있는 블록체인 중 하나가 될 수 있는 이유를 정리하면 다음과 같다.

- 먼저 파이네트워크는 개인이 금융역량을 강화할 수 있는 새로운 시대를 개척하고 있다. 그것은 분산형 금융과 블록체인 기술이 결합되어 전 세계 개인에게 역량을 부여하는 혁신적인 발명품이다.
- Pi Network는 분산되어 있다. Pi Network는 사용자에게 의존하여 거래를 검증하므로 다른 중앙 집중식 시스템보다 더 안전하다. 이러한 분산화는 모든 사람이 고가의 채굴 장비 없이 사용자는 자기의 휴대폰으로 Pi 코인을 채굴할 수 있는 합의 알고리즘을 통해 이루어진다. 이 방법은 필연적으로 암호화폐를 대중에게 제

공하여 더 널리 사용할 수 있도록 해 준다.

• 전기를 많이 소모하는 공장형의 집약적 코인채굴 시스템과 달리 Pi Network의 모바일 채굴 알고리즘은 최소의 전기소모와 데이터를 사용하도록 친환경적으로 설계되었다. 이는 암호화폐 채굴이 환경오염을 최소화시켰고, 모든 사람들이 일상적으로 사용하는 개인전산센터격인 휴대폰으로 편리성을 제공하기 때문에 장기적으로 사업이 지속 가능하다.

• Pi Network는 공정하고 포용적이며 모두가 접근할 수 있는 금융시스템으로 회원이 커뮤니티에 참여하는 정도에 따라 보상을 받는 합리적 시스템이다. 그동안 Pi Network는 강력한 사용자 커뮤니티를 육성해 왔다. 2023년 9월 현재 네트워크에는 이미 전 세계적으로 230여 개국에 걸쳐 4,700만명~5,000만 명, 간접 경험자들을 합치면 약 1억 명 수준으로 빠르게 증가하고 있다. 이는 돈 많은 몇 사람에게 예속되어 있는 BTC나 ETH와 달리 지구촌 가족들에게 널리 개인의 재정적 자유를 높이고 보다 공평한 금융시스템을 제공해 줄 수 있는 서민의 경제시스템이 될 수 있다.

• Pi 생태계는 핵심 앱의 고유기능부터 다양한 커뮤니티 기반 유틸리티에 이르기까지 Pi 네트워크 내의 다양한 어플리케이션을 만들어 가고 있다. 이 번성하는 생태계에서 창업을 원하는 사람들은 다양한 프로그램을 통해 상호 협력, 거래, 협업의 기회를 만날 수 있다.

• 그렇게 함으로써 전통적인 금융환경에서 실수를 했든지 아니면 돈이 없든지 해서 중앙 집중식 시스템에서 금융참여의 권리를 박탈당한 사람들에게 희망과 기회를 찾아줄 수 있다.

- 그뿐만 아니라 다가오는 암호화폐 및 블록체인 기술의 결합으로 제공되는 미래 금융세상에서 웹3 인터넷의 진정한 잠재력으로 Pi Network가 지구촌의 서민들을 공평하고 분산화된 디지털 세계로 선도할 수 있다.
- 마지막으로 필자가 특히 강조하고 싶은 것은 돈의 개념을 중심으로 구성되는 파이 시스템이지만, 그것을 만들어 가는 기본방법이 돈이 아니라 인간성을 존중하는 바탕을 우선시 한다는 것이다. 우리는 종이돈 아날로그 화폐시스템에서 인간성을 무시당하는 것은 예사였다. 그러나 이제는 이렇게 파이 시스템처럼 홍익인간의 이념을 바탕으로 시스템이 돌아가야 소비자들의 호응을 얻을 수 있는 시기가 되었다. 결론적으로 Pi Network는 분산화, 접근성, 커뮤니티, 지속가능성, 편리성 그리고 서민의 인격을 존중하는 문화를 갖고 있기 때문에 세계에서 가장 큰 영향력을 갖는 중요한 블록체인이 될 수 있다고 본다.[29]

독자들은 이 역동적이고 진화하는 영역에서 활동하려면 데이터 소유권, 개인정보 보호 및 금융 포괄성이 최우선인 미래토큰 경제 등에 대한 필수지식부터 갖추어야 한다. 그래서 분산화의 힘으로 끊임없이 변화하는 디지털 자산 세계에서 각자의 역량을 강화해 가기 바란다.

출처: 셔터스톡, https://www.tokenpost.kr/article-147537

3장 Web3 발전 전망과 과제

구 기 압

1. Web3 개요

지금의 웹3를 이해하기 위해서 지금까지의 변천 과정을 알아보자. 일반적으로 웹에 대한 기술적 차이를 편하게 구분하기 위한 단어로 만들어졌으며, 지금까지의 웹을 세대로 구분했다고 표현하면 이해가 쉬울 것이다.

1990년 대 인터넷이 생긴 초창기의 웹에서는 생산자와 사용자의 구분이 명확했다. 생산자는 콘텐츠를 생산하여 수익을 얻고, 사용자는 정보를 습득하는 도구로 사용하였다. 웹 소설을 읽거나 뉴스 등을 보는 등의 단방향 행위가 여기에 포함되고, 이메일이나 대화형 어플리케이션을 사용할 기회는 없었다. 이것은 웹을 사용할 수 있는 기기와 통신수단(망) 등의 발달로 인터넷 사용의 패러다임이 전환되며 2000년대에 들어서 웹2라는 수식어가 붙으며 급격히 발전되었다.

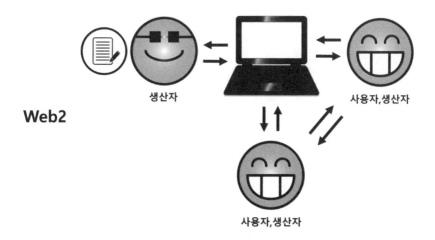

Web2

생산자

사용자,생산자

사용자,생산자

 웹2는 지금 우리가 사용하는 웹을 지칭하며, 단방향으로 흐르던 정보를 사용자 스스로가 콘텐츠를 제작함으로써 사용자이면서 동시에 생산자의 역할을 할 수 있도록 해주었다. 이것에 가장 큰 역할을 한 기업들이 FAANG(구.페이스북/애플/아마존/넷플릭스/구글을 뜻하는 신조어)이다.

 사용자들은 더욱 진보된 기기와 사용하기 편리해진 콘텐츠 안에서 웹 프로그래밍에 대한 기본 지식 없이도 충분히 생산자의 역할을 해낼 수 있도록 만들어졌고 시장의 규모는 점점 커져 갔다.

 웹3에선 기존 웹 방식과의 가장 큰 차별성이 있다. 탈중앙화(Decentralized), 이것이 웹 세상에서의 새로운 세대를 만들어낼 수 있었던 가장 큰 요소이다. 읽을 수만 있었던 웹1, 읽고 쓰기가 가능했던 정보전달의 웹2, 거기에 가치전달의 웹3는 '정보의 소유권'이라는 가장 중요한 것이 포함되어 있다.

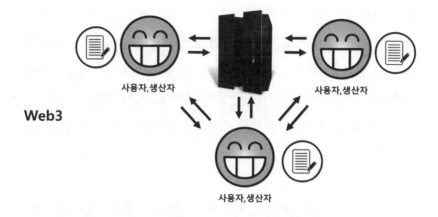

Web3

그렇다면 '정보의 소유권'이라는 것은 무엇을 뜻할까?

우리가 어떠한 콘텐츠를 웹상에서 이용하기 위해서는 웹사이트에서 회원가입을 해야 하고 콘텐츠를 만들어 업로드 또는 사이트와 연동하는 작업을 하게 된다. 이러한 정보는 고스란히 중앙화된 서버에 저장이 되고 기업(또는 운영주체)에서 관리하게 된다.

가장 큰 영상 공유 플랫폼인 유튜브를 예로 들어보자. 사용자가 유튜브의 중요 콘텐츠를 이용하기 위해서는 회원가입을 먼저 해야 한다. 여기에는 연락처, 이메일 등의 개인정보가 포함되어 있고 사용자의 유튜브 사용 패턴에 대한 동의를 하게 된다. 이것으로 이 사용자의 관심분야를 분석하여 성향에 맞는 광고를 보여주거나 영상을 추천해주기도 한다. 또 사용자는 수익창출을 위해 영상을 업로드하게 되고 이것 역시 중앙 서버에 저장된다.

여기에서 잠시 짚고 넘어가야 할 부분이 있다. 사용자의 수익창출이라는 부분에서 이것이 완전한 생산자로서의 활동이라고 볼 수는 없다는 점이다. 수익의 주체는 유튜브 즉 기업이다. 사용자에 주어지는 수익은 유튜브에게 지급되는 광고주의 댓가의 일부분이며 생산활동에 대한 수익이라기보다 기업에서 사용자에게 지급하는 인센티브에 가깝다. 또 사용자들은 영상을 무료로 시청하기 위해서 강제적으로 뜨는 광고를 시청할 수밖에 없는 구조이다. 이런 비즈니스 모델의 문제점은 개인들의 정보가 중앙화된 서버에 보관된다는 점, 그리고 사용자로서의 생산활동에 따른 수익창출 권한이 주어지지 않는다는 점이다.

그렇다면 이러한 컨텐츠 유통구조를 웹3에 적용하게 된다면 어떻게 바뀔까? 먼저 웹3의 콘텐츠 구조는 분산화된 형태로 바뀌게 된다. 중앙 집중식 서버가 아니라 블록체인과 같은 분산원장 기술을 활용하여 데이터가 여러 노드에 분산되어 저장된다. 이는 정보의 소유권을 개인에게 돌려주며 중앙 기관의 개입이 없이도 개인이 콘텐츠를 보호하고 관리할 수 있게 해 줄 수 있다.

예를 들어 웹3 기반의 영상 공유 플랫폼에 동영상을 업로드하면 이 동영상은 중앙 서버가 아닌 여러 블록체인 네트워크의 노드에 분산되어 저장될 것이고, 이로써 사용자의 정보는 중앙화된 곳에 집중되지 않으므로 데이터의 안전성과 개인정보 보호가 강화된다.

또한 사용자의 생산활동에 따른 수익구조도 바뀐다. 블록체인의 스마트 컨트랙트를 활용하여 사용자는 자신의 콘텐츠에 대한 저작권과 수익 분배 방식을 미리 설정할 수 있다. 예를 들어 사용자가 동영상을 업로드하면 이를 시청한 사람들이 일정량의 암호화폐로 보상받는 형태로 수익을 얻을 수 있게 된다. 이는 중간 업체 없이 직접적인 경제 활동이 이루어지는 구조로, 개인의 창의성과 노력이 제대로 보상받을 수 있는 환경이 조성되는 것이다.

그 외 웹3는 더욱 개인화된 경험을 제공하고 인공지능과 빅데이터 분석을 통해 사용자의 관심사와 선호도를 더욱 정확하게 파악하여 맞춤형 콘텐츠와 서비스를 제공하며, 이로써 사용자는 더 유용하고 만족스러운 경험을 누릴 수 있게 되는 것이다.

요약하면 웹3의 콘텐츠 구조는 중앙 집중화된 시스템에서 벗어나 분산화된 구조로 바뀌게 되고, 이는 정보의 소유권과 개인의 권한을 강화하며, 사용자의 생산활동과 수익구조에 대한 새로운 패러다임을 열어주게 되는 것이다. 이러한 변화는 더욱 개인 중심적이고 혁신적인 디지털 세상으로 쉽게 들어가게 해 준다. 다음과 같은 몇가지 중심 개념으로 정리하면 쉽게 이해될 수 있다.[30]

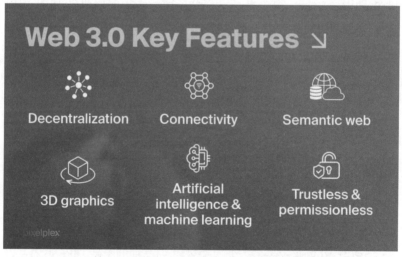

https://pixelplex.io/blog/what-is-web-3-0/ ine learming

2. 분산 웹과 블록체인

- 분산 웹은 중앙 집중화된 서버와 관리자 없이 참여자들이 공동으로 데이터와 서비스를 제공하고 관리하는 개념이다. 기존의 중앙 집중화된 웹 구조에서는 단일 서버나 회사가 데이터와 서비스를 통제하였으나, 여기에서는 여러 노드가 연결되어 네트워크를 형성하며 데이터와 기능을 분산 저장하고 처리한다.

분산 웹 탈중앙화

탈중앙화란 기존 중앙 집중화된 시스템이나 서비스의 구조를 벗어나서 데이터, 기능, 결정권 등을 중앙화된 단일 관리체계 대신 여러 개체 또는 참여자들 사이에 분산시키는 개념을 의미한다. 이는 다양한 측면에서 다음과 같은 이점을 가지고 있다.

- 신뢰성과 안정성: 중앙화된 시스템에서는 단일 지점의 고장이나 공격으로 인해 전체 시스템이 마비될 수 있다. 탈중앙화는 여러 노드나 참여자들로 구성되기 때문에 개별 노드의 고장이나 공격이 전체 시스템에 큰 영향을 주지 않으므로 시스템의 안정성과 신뢰성을 높일 수 있다.
- 저렴한 인프라 구축: 중앙 집중화된 시스템에서는 대규모 인프라와 관리 비용이 필요하지만, 탈중앙화된 분산 시스템은 참여자들이 자체적으로 인프라를 구축하고 관리할 수 있기 때문에 전체적인 비용을 절감할 수 있다.

- 개방적 접근성: 중앙 집중화된 시스템에서는 중앙 단위의 거부권한이나 제한이 개입될 수 있다. 탈중앙화된 시스템은 누구나 참여하고 데이터에 접근할 수 있는 기회를 가질 수 있으며, 이는 개방성과 포용성을 높일 수 있다.
- 프라이버시와 보안: 탈중앙화된 시스템에서는 데이터가 여러 노드에 분산되기 때문에 개별 사용자의 데이터가 중앙에서 노출될 위험이 줄어든다. 현재로는 사실상 제로에 가깝다고 할 수 있다. 또 한곳에 집중된 데이터보다 분산된 데이터는 해킹이나 공격으로부터 더욱 안전하다.
- 정치적 중립성: 중앙 집중화된 시스템에서는 중앙 관리자의 정치적 결정이 시스템에 영향을 미칠 수 있다. 탈중앙화된 시스템은 참여자들 간의 합의를 통해 결정되므로 이러한 정치적 영향을 줄일 수 있다.
- 이중 통화 및 경제시스템: 분산 웹은 암호화폐와 스마트 계약과 같은 개념을 통해 중앙은행이나 중개자 없이 경제 활동을 지원하는 구조를 만들 수 있다.
- 글로벌 참여: 탈중앙화된 시스템은 지리적, 문화적 제한 없이 누구나 참여할 수 있는 글로벌 참여 환경을 제공한다. 하지만 탈중앙화된 시스템을 구축하거나 관리하는 것도 만만한 일은 아니다. 확장성, 합의 도달, 네트워크 보안 등의 문제가 발생할 수 있으며, 이러한 문제들을 극복하려면 현실적이고 지속 가능한 방법을 강구해야 한다.

신뢰성과 내구성

분산화된 시스템은 여러 개체나 노드로 구성되기 때문에 개별 노드의 고장이나 문제가 전체 시스템에 영향을 미치는 것을 줄일 수 있는 장점이 있다. 분산된 노드 중 몇 개의 노드가 고장 나더라도 다른 정상적인 노드들이 작업을 계속할 수 있어 시스템의 가용성과 신뢰성이 향상된다. 또한, 신뢰성을 높이기 위해 분산 시스템은 데이터를 여러 곳에 중복 저장하거나 여러 경로를 통해 데이터를 전달하는 등의 방법을 사용할 수 있다. 이로써 데이터 손실을 예방하거나 복구할 수 있는 내구성의 이점이 있다. 내구성은 데이터가 오랫동안 안전하게 보존되는 능력을 의미한다. 만약 한 곳의 데이터 저장소가 손상되거나 고장 나더라도 다른 저장소에서 데이터를 복구할 수 있게 되는 것이다. 데이터 내구성을 확보하기 위해서는 데이터의 복제와 복구 기능을 적절하게 구현할 수 있어야 한다.

개인정보 보호

개인정보 역시 여러 곳에 나뉘어 저장되고 각 사용자들이 직접 자신의 데이터를 누가, 어떻게 사용하는지 쉽게 파악할 수 있다. 또한 개인이 자신의 정보를 직접 관리하고 선택적으로 공유하거나 숨길 수 있는 기능 역시 제공된다. 다음은 분산 웹을 가능하게 하는 주요한 3가지 기술들에 대해 알아보자.

P2P 기술(Peer-To-Peer)

네트워크 상에서 컴퓨터들이 중앙 서버를 통하지 않고 개인과 개인이 직접 연결되어 데이터를 주고받는 방식을 의미한다. P2P 기술은 중앙 서버가 실제로 필요한 데이터 트래픽을 처리하는 것보다 효율적인데 이는 각 컴퓨터들 간에 데이터 요청과 전송으로 부하가 분산되기 때문이다.

IPFS(Inter Planetary File System)

직역하자면 '행성 간 파일 공유 시스템'이란 말인데 이것은 마치 인터넷이 우주의 여러 행성들이 연결되어 있는 모습을 거대한 네트워크 모습에 빗대서 붙여졌다. 기존의 HTTP 방식은 데이터가 위치한 주소를 찾아 정보를 가져오는 방식이었다면, IPFS 방식은 조각으로 나누어진 데이터를 빠른 속도로 가져와 하나로 합쳐주는 방식이다.

Solid 프로젝트

WWW(월드와이드웹)을 발명한 팀 버너스 리가 웹의 탈중앙화를 위해 만든 프로젝트로, 자신이 만든 세상에서 해커들에 의해 개인정보가 탈취된다든지 기업에 의해 개인정보가 악용되는 문제점을 바로잡을 방법을 찾다 만들어진 프로젝트이다. 이것은 개인 사용자들이 자신의 데이터에 대한 통제권을 행사할 수 있는 환경을 조성해 주었다.

블록체인

블록체인은 분산형 데이터 저장기술이며 변경 불가능한 암호화된 형태로 저장되기 때문에 신뢰성 있는 데이터와 보안을 보장한다. 주로 금융 거래와 관련된 기술로 시작되었지만 현재는 다양한 분야에 활용되고 있고 그 종류는 다음 3가지로 구분할 수 있다.

공개 블록체인(Public Blockchain)

누구나 참여할 수 있고 데이터를 조회할 수 있는 오픈된 형태의 블록체인이다. 예시로는 현재 거래소에서 상장되어 있는 모든 토큰이 포함되며 가장 큰 생태계를 보유하고 있는 이더리움이 가장 대표적이다. 우리 일상생활에서 중앙 버스차선 시스템과 비유할 수 있는 개념이다.

사설 블록체인(Private Blockchain)

특정 그룹이나 기업이 사용하는 블록체인으로 접근 권한이 제한되어 있는 것이 특징이다. 예를 들어 기업 내의 재고 추적 시스템이나 금융기관 내에서의 거래 장부 등이 대표적이며 비공개로 이루어져 있어 데이터의 기밀성과 통제를 유지하면서 효율적인 프로세스 관리 및 협업을 위해 활용된다. 이것은 택시 승강대 시스템과 비유할 수 있는 개념이다.

컨소시엄 블록체인(Consortium Blockchian)

이것은 공개 블록체인과 사설 블록체인의 조합이라고 보면 된다. 여러 조직 또는 기업이 공동으로 운영하는 방식으로 이루어져 있으며 조직 또는 기업 간의 정보를 교환하는 데 사용된다. 예를 들면 은행, 유통 업체, 의료기관들의 데이터 공유를 생각하면 된다. 이것은 전국 화물택배 시스템과 비유할 수 있는 개념이다.

3. 인공지능과 웹3

웹3에는 앞서 설명한 블록체인뿐만 아니라 인공지능 기술까지 적용되어 보다 더 웹 활동을 혁신적으로 개선될 수 있다. 인공지능은 근래에 들어 대기업들이 너도나도 뛰어들며 다양한 콘텐츠들이 오픈되고 있는 상황이다.

인공지능은 이미 현재도 실생활 속에 많이 녹아들어와 있는데 가령 개인 맞춤형 추천 영상, 쇼핑, 예술 등 과거에 검색하거나 조회한 내용을 분석하여 비슷한 관심사나 주제의 콘텐츠를 추천하기도 하며, 자주 이용하는 기능이나 서비스를 파악하여 그에 맞게 사용자 인터페이스를 조정하거나 최적화할 수 있다. 또 자연어 처리 기술은 인간의 언어를 이해하고 중요한 정보나 의미를 추출하며 사용자의 입력 내용에 따라 자동으로 응답을 생성한다.

더 나아가 사용자의 감정을 감지하고 인식하며 상황에 맞는 답변을 하게 하거나 음성인식 기술을 활용해 사용자와 인공지능과의 소통을 더욱 원활하게 이어준다.

그럼 인공지능이 웹3에 결합되어 사용된다면 어떻게 될까? 웹3를 이야기하면서 빼놓을 수 없는 단어가 있다. 그것은 바로 시맨틱 웹(Semantic web)이다. 간단하게 설명하자면 웹상의 수많은 정보를 사람을 대신해 읽고, 이해하고, 가공하여 새로운 정보를 만들어 낼 수 있도록 하는 웹이라 생각하면 된다. 예를 들어 이전에는 휴가 계획을 세우기 위해 숙소, 호텔, 비행기, 관광지 등을 하나하나 검색해서 계획을 직접 짜야 하는 반면 이 기술은 일정과 장소만 알려주면 개인 데이터를 바탕으로 모든 일정을 정리해 주고 예약까지 이루어지는 방식이다.

이것은 현재의 구글, 네이버 등과 같은 검색 사이트들의 판도를 크게 바꾸어 놓았다. 기존의 검색 방식은 사용자가 검색어를 입력하면 또 다른 사용자 또는 단체에서 작성한 관련 문서들이 노출되고 이중 올바른 정보를 직접 찾아 판단해야 하는 방식이었다. 하지만 챗 GPT가 등장한 이후 인공지능이 사전에 습득된 정보 또는 웹상의 정보를 토대로 학습되어 있는 내용을 사용자에게 직접 대답해 주는 방식으로 진화되었으며 단순한 검색부터 코딩, 디자인 등과 같이 전문성을 필요한 작업에도 영향을 미치게 되었다.

시맨틱 웹은 데이터의 의미를 명확하게 정의하고 연결하는 데 초점을 두어 데이터의 활용성과 가치를 높이는 것을 목표로 한다. 이를 통해 기계가 정보를 이해하고 처리할 수 있는 환경을 만들어 다양한 분야에서 지능적이고 효율적인 정보 검색, 데이터 분석, 지식 발견 등을 가능케 한다.

4. 데이터 보안과 개인정보

웹2에서는 기업이나 악의적인 목적을 가진 단체 또는 개인에 의해 쉽게 개인정보가 유출될 수 있는 문제점이 있었다. 웹3 환경에서는 데이터 보안과 개인정보 보호가 더욱 중요한 이슈로 부각되었다. 데이터의 양과 다양성이 증가함에 따라 이를 보호하고 관리하는 방법도 더욱 강화되어야 하는데, 블록체인과 암호화 기술은 웹3에서 데이터 보안과 개인정보 보호를 강화하는데 중요한 역할을 하게 되었다.

이를 위해선 자기 신원확인이 필수적인데 자신의 신원을 안전하게 인증할 수 있는 방법이 있어야만 한다. 지금까지의 KYC(Know Your Customer)는 금융기관 및 기업이 고객의 신원과 정체성을 확인하고, 금융 거래나 비즈니스 관계를 수립할 때 적법한 절차를 준수하는 일련의 개인인증 시스템이다.

Pi의 KYC

파이 네트워크의 탈중앙화된 KYC 시스템은 아직까지 전례를 찾아볼 수 없는 획기적인 방법이다. 신원인증을 받기 위해 개인은 자신의 신분증과 개인정보, 자신의 모습을 담은 동영상을 제출한다. 이를 AI가 1차적으로 신분증을 암호화하며 사진, 개인정보를 별도로 추출하여 따로 보관한다.

이 과정에서 신분증의 정보와 사용자가 직접 입력한 개인정보가 일치하는지를 판단하여 통과 여부를 결정한다. 승인된 정보는 개인정보를 알 수 없도록 분할되어 다른 사용자에게 랜덤하게 분배되고

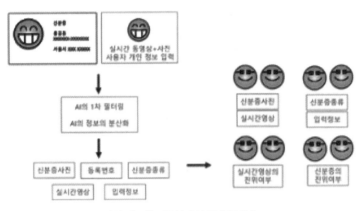

파이 네트워크의 실제 KYC 프로세스

이것을 받은 사용자들은 이 각각의 정보가 사실인지를 검증하며 모든 검증자들의 검증이 통과된 사람만이 KYC 신원인증이 통과된다.

KYC를 신청하기 위해서는 1개의 파이(토큰)가 필요하다. 여기서 검증자들은 검증의 대가로 1개의 파이를 나누어 가지게 된다. 물론, 악의적으로 다른 검증결과를 내놓은 사람은 보상이 지급되지 않고 검증자의 역할에서 배제되게 된다. 이렇게 분산화, 탈중앙화로 개인정보 역시 보안에 긍정적인 요소가 생기며 더 많은 방식의 개인정보 보호에 관한 방법이 제시되어야 한다.

5. 의사결정을 위한 DAO의 혁신

현대 사람들은 많은 선택의 순간을 맞고 있다. 과거에는 우리의 결정은 주변 사람들의 조언이나 과거의 경험을 토대로 이뤄졌지만, 현재는 인터넷을 통해 의사결정의 지식과 정보를 활용한다. 그러나 이것들은 종종 주관적이며, 정보의 해석이 다르게 될 수 있으며, 때로는 잘못된 정보로 인해 잘못된 결정을 내릴 수 있다. 이때 웹3 DAO(Decentralized Autonomous Organization)를 활용한다면 의사결정에 혁신을 가져올 수 있다.

탈중앙화된 자율조직 DAO

DAO는 블록체인과 스마트 계약을 기반으로 한 조직 또는 단체로, 구성원들 간의 민주적인 의사결정을 지원한다. 스마트 계약은 프로그래밍 코드로 작성된 자동화된 계약으로, 특정 조건이 충족되면 자동으로 실행된다. 예를 들어보자.

어느 한 단체의 예산집행에 대한 투표를 스마트 계약에 투표 주제, 기간, 찬성 및 반대표 등의 내용을 설정하고 투표를 게시한다. 투표 참여자들은 해당 단체의 일원임을 증명하는 NFT나 토큰 등을 보유한 수만큼 투표에 참여할 수 있다. 투표 기간 종료 후 자동으로 결과가 집계되어 투표 결과가 승인되면, 스마트 계약은 블록체인에서 자동으로 예산을 이체하고, 이에 대한 거래가 블록체인에 기록되게 된다. 그리고 모든 커뮤니티 멤버는 블록체인 브라우저를 통해 투표 및 예산 할당 기록을 확인할 수 있다.

앞의 예는 투표를 설명한 것이지만 이것을 기업이나 비즈니스에 사용할 수 있다. 이 스마트 계약에 입력된 정보는 변경될 수도 조작될 수도 없기 때문에 입력이 되고 나서는 정확히 해당 정보에 따라 운영해야 한다.

이렇듯 DAO에서의 완벽한 스마트 계약은 커뮤니티의 의사결정을 효율적으로 수행하고 투명하게 관리할 수 있으며, 스마트 계약을 통해 자동화된 프로세스를 구현하여 중개인 없이 의사결정을 수행할 수 있다.

새로운 탈 중앙화시대의 DAO는 새로운 대륙을 개척하려고 출항하고 있는 형국이다.[31]

DAO는 새로운 대륙을 개척(cointelegraph)

6. 웹3가 미치는 사회적 영향

새로운 기술엔 언제나 반대의 측면 또한 있을 수밖에 없고 이것을 하나하나 해결해 나가야 비로소 우리에게 정말 필요한 기술로 정착될 수 있다.

웹3의 긍정적 효과

개인화된 경험과 서비스

사용자의 행동과 관심사를 분석하여 맞춤형 콘텐츠와 서비스를 제공하기 때문에 시간적, 정신적 자유가 늘어나게 된다.

지능적인 의사결정

데이터의 의미를 이해하고 연결함으로써 더 지능적인 의사결정을 할 수 있도록 해주기 때문에 기업과 조직은 더 정확하고 효과적인 전략을 수립하고 운영할 수 있다. 정부와 공공 기관의 정책결정에도 도움이 될 수 있다.

새로운 비즈니스 모델

블록체인과 스마트 컨트랙트 등의 기술을 활용하여 중개자 없이 거래를 처리할 수 있는 새로운 비즈니스 모델을 제공한다. 이로 인해 효율성이 증가하고 중간 역할의 비용이 절감되며, 창조적인 비즈니스 기회를 활용할 수 있다.

현재 우리나라의 비즈니스 분야 블록체인 기술 도입에 대한 전반적인 견해 및 주요 투자자 변화 양상을 보면 블록체인 기술에 여전히 부정적인 의견이 과반을 차지하고, 블록체인 기술 도입에 긍정적인 비율 역시 점차 높아지는 추세이다. 기업들은 점진적으로 블록체인 도입을 시도하고 있거나 논의 중인 단계로 부유한 개인들의 투자가

대부분이었으나, 기관 투자자들이 많아지고 있는 상황이다.[32)]

데이터 협업과 혁신

데이터를 더 쉽게 공유하여 협업과 혁신을 촉진할 수 있다. 다양한 조직과 개인들이 데이터를 공유하고 연계하여 새로운 아이디어와 해결책을 발견할 수 있으며, 이를 이용해 다양한 분야에서 혁신을 가속화할 수 있다.

정제건은 Web3와 Blockchain에 대해 "블록체인은 Coin이 아닌, Web 3 시대를 열어줄 핵심 기술이다. 기술 그 자체가 주는 '신뢰성'으로 Web 2.0 플랫폼의 '신뢰성'을 대체할 수 있는지가 관건이다"고 했다.[33)]

환경과 지속가능성

더 효율적인 에너지 관리와 자원 활용을 지원한다. 스마트 그리드를 통해 전기의 생산, 운반, 소비 과정에 웹3 기술을 접목하여 공급자와 소비자가 상호작용 함으로써 효율성 높인 지능형 전력망 시스템과 연결된 기기들이 에너지 사용을 최적화하고 환경에 미치는 영향을 줄일 수 있으며, 지속 가능한 환경개선에 도움을 줄 수 있다.

교육과 연구 분야의 혁신

개별 학습 스타일에 맞는 맞춤형 교육을 제공하고, 연구자들은 더 많은 데이터를 활용하여 더 정확한 연구 결과를 얻을 수 있다.

웹3의 부정적인 효과

개인정보와 프라이버시의 위험

웹3는 더 많은 데이터를 다루고 활용함으로써 개인정보와 프라이버시의 위험성을 증가시킬 수 있다. 더 많은 개인정보가 수집되고 연결되면서, 이를 악용하는 사례나 데이터 누출 사고의 가능성도 증가할 수 있다.

알고리즘 편향과 차별

웹3의 인공지능 기술은 데이터를 기반으로 학습하게 된다. 하지만 이러한 데이터가 편향되어 있거나 차별적인 내용을 반영한다면, 이로 인해 알고리즘 편향과 차별 문제가 발생할 수 있다.

고용의 변화

웹3 기술발전은 일부 업무를 자동화하고 스마트 기술을 활용하는 데 도움을 줄 것이나, 이로 인해 일부 직업은 사라지거나 변화할 수 있으며, 이에 따른 고용의 변화와 불안정성이 발생할 수 있다.

디지털 사기와 보안 위협

웹3의 기술적 발전은 사이버 공격자들에게도 새로운 공격 기회를 제공할 수 있다. 스마트 컨트랙트와 블록체인 기술의 확산으로 인해, 새로운 유형의 디지털 사기와 보안 위협이 발생할 가능성이 있다.

정보 과부하와 가짜 정보

웹3에서는 더 많은 데이터와 정보가 생성되고 공유될 것이다. 이로 인해 정보 과부하와 함께 가짜 정보와 허위 정보가 증가할 수 있으며, 사회적 혼란을 야기할 가능성이 있다.

7. 건전한 웹3를 위한 과제

웹3의 도래는 디지털 시대의 새로운 가능성을 열어주고 있다. 그러나 이러한 발전은 동시에 새로운 도전과 과제를 함께 안겨준다. 건전하고 지속 가능한 웹3 환경을 구축하기 위해서는 몇 가지 핵심적인 과제를 극복해야 한다. 앞서 언급한 부정적인 문제들은 우리가 웹3를 사회적으로 유익한 도구로 만들기 위한 대책이 필요하다.

개인정보와 프라이버시의 위험

개인정보 부분은 블록체인이라는 강력한 도구로 인해 어느 정도 해결되었다고 생각한다. 단, 개인정보를 다루는 주체가 개개인으로 바뀌었다는 것에 오히려 문제가 생길 수 있다. 블록체인에 대한 이해도가 낮거나 개인정보의 소중함을 느끼지 못하는 개인과 그 정보가 담겨있는 블록체인의 키를 분실 또는 유출되는 경우가 문제다. 이것을 극복하기 위해서는 개개인들이 변화되는 시장의 흐름을 잘 알아야 한다. 어느 시대에서나 큰 변화의 흐름을 모르는 사람들은 뒤처지고 소외되어 왔다. 개개인의 노력이 더욱 필요한 시점이기 때문에 정부나 기관에서도 대중들에게 실질적인 교육이나 홍보를 통해 사회변화에 어떻게 대처해야 하는지 알려 주어야 한다.

알고리즘 편향과 차별

인공지능의 도움을 받는 알고리즘은 기존의 산업의 발달과는 차원이 다른 속도로 급격히 발전하며 그 산업규모도 커지고 있다. 이러한 기술들이 투명하고 공정한 방식으로 작동하는지를 확인하기 위해선 정부와 규제 기관은 알고리즘을 개발하는 기업들에게 알고리즘의 동작 원리와 의사결정 과정을 투명하게 공개하도록 요구할 필요가 있다. 그리고 알고리즘의 작동 방식을 이해할 수 있는 문서화와 설명이 있어야 할 것이다. 또 알고리즘의 작동 결과를 평가하고 검증하는 기관이 필요하며 포괄적인 데이터를 활용하여 편향성을 방지하도록 해야 한다.

디지털 중독과 건강 문제

기본적으론 학교나 교육기관에서 디지털 웰빙에 대한 교육을 강화해야 한다. 사용자들에게 자신의 디지털 사용 습관을 평가할 수 있는 도구나 플랫폼, 기관들이 설립되어야 한다. 예를 들면'포켓몬고'라는 앱은 전 세계 지역을 돌아다니며 포켓몬을 얻는 게임인데, 이로 인해 사회적 문제로도 거론될 만큼 큰 이슈로 자리 잡았다. 하지만 이 포켓몬 슬립은 잠을 자며 해당 앱을 켜놓아야 포켓몬을 얻을 수 있으며, 이로 인해 아이들의 잠자리 시간이 길어졌을 정도로 큰 효과를 볼 수 있었다는 뉴스로 화제가 된 바 있다. 결국엔 사회적 교육과 건강한 콘텐츠가 결합되었을 때 이러한 문제가 해결될 수 있다.

고용의 변화

AI가 그려준 그림이 대회에서 대상을 받는가 하면, 프로그래머가 작성한 코드를 AI가 검토해 주고 수정까지 해주는 시대인 만큼 다양한 직업군에서 실직자가 발생할 수 있다. 단 산업용 로봇이 처음 나오고 상용화되었을 때에도 이러한 문제는 제기되었고, 그만큼 새로운 직업군이 생기고 로봇이 대체하지 못하는 영역은 항상 존재했다. 그 과정에 있어 새롭게 생겨나는 직군에 대한 교육은 필연적이고 고용 변화로 영향을 받는 노동자들을 위한 교육기회 지원과 자금 지원 등이 이루어져야 한다.

정보 과부하와 가짜 정보

이 분야는 AI가 출현하며 이미 이슈가 되었던 것으로 전 세계 정부와 기업에서 많은 관심을 두고 있다. 예로 AI가 만든 전 미국 트럼프 대통령의 체포사진이 대표적이다.[34] 자세히 관찰해도 가짜 사진임을 가려내기 힘들다. 그러므로 정보의 진위 여부를 스스로 판단할 수 없는 사람들은 이렇게 잘못된 정보에 지속적으로 노출될 수밖에 없는 게 현실이다. 이를 방지하기 위해선 당연히 사용자들이 정보를 비판적으로 평가하고 분별하는 능력을 강화시켜야 되는 것이며 교육도 수반되어야 한다.

이 장에서는 웹3가 가져올 가능성과 동시에 주의해야 할 문제들에 대해 생각해 보았다. 우리는 이러한 도전들을 함께 극복하며 더욱 발전된 웹3시대를 만들어 나갈 수 있을 것이고, 앞으로도 많은 이들이 참여할 건강한 웹3의 길을 함께 갈 수 있을 것이다.

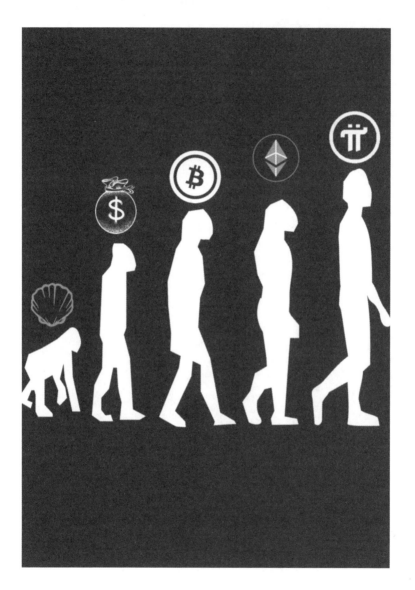

4장 부상하는 파이경제 Pinomics

박 창 용

1. 전 세계 디지털화폐의 출현

기존의 통화 시스템은 국제은행간통신협회(SWIFT)를 통해 국가 간 송금이 이루어지며, 이로 인해 수수료가 많이 발생하고 송금 시간이 지연되는 문제가 있다.[35]

이러한 문제를 해결하기 위해 최초로 나온 코인은 리플(Ripple, XRP)이다. 이후 리플에서 하드포크(Hard Fork)하여 스텔라 루멘(Stellar Lumens, XLM)이 나왔다. 스텔라 루멘은 리플 공동 창업자인 제드 맥칼렙(Jed McCaleb)이 개발하였으며,[36] 2019년 IBM 블록체인 월드와이어(IBM Blockchain World Wire) 기업에서 글로벌 72여 개국에서의 금융 결제에 스텔라(XLM)를 사용함으로써 영향력이 커졌다.[37]

파이코인은 국제 송금 및 결제 시스템을 지원하는 암호화폐를 지향한다. 파이 네트워크는 이렇게 금융 제도권에서 검증된 스텔라합의(Stellar Consensus Protocol)방식을 도입하였다.[38] 기존의 비트코인(BTC)과 이더리움(ETH)의 문제점을 보완하고, 일상적으로 사용할 수 있는 디지털 통화를 만들기 위해 탄생 되었다.

Pi Network는 핸드폰에서 채굴할 수 있는 최초의 디지털 통화로 2019년 3월 14일에 출시되었다. 사용자 파이안(Pi coin을 사용하는 전 세계 사용자들 Pian, 파이안, 공저자 주)들은 파이네트워크 앱을 설치하여 전 세계에서 가장 널리 사용될 디지털화폐인 파이코인을 채굴할 수 있다. 안드로이드폰과 아이폰 모두에서 무료로 앱을 내려받은 후 가입하여 채굴할 수 있다.

파이코인은 블록체인 기술을 기반으로 만든 암호화폐로 전 세계적으로 1억 명 이상의 앱 다운로드 사용자와 4,700만 명 이상의 적극적인 채굴 사용자를 보유하고 있다.(2023년 9월 기준)

파이코인은 탈중앙화된 암호화폐로, 특정 기업이나 조직에 의해 통제되지 않고, 전 세계 어디에서나 사용이 가능하며, 송금 수수료가 저렴하다. 이러한 특징 때문에 파이코인은 출시 이후 시장에서 큰 관심을 받고 있다.

파이네트워크를 설립한 초창기 가장 중요한 개발자 3명을 소개한다. 니콜라스 코칼리스(Nicolas Kokkalis)는 노벨상 84명을 배출한 세계 최고의 명문 대학 중 하나인 미국 스탠퍼드(Stanford) 대학교에서 박사 학위를 받았다. 초기 박사 과정에서 내결함성 분산 시스템에 대한 스마트계약을 작성하기 위한 프레임워크를 만들어서 논문으로 게시했다. 스마트계약에 관한 해박한 지식을 소유한 것으로 보인다. 스탠퍼드 최초의 분산 응용 프로그램 수업 강사로 활동했고, 스탠퍼드 대학교에서 컴퓨터과학 부서의 박사후과정 학자가 되었다. 박사후과정의

하나로 스탠퍼드에서 온라인 게임 플랫폼인 게임볼라(Gameyola)를 만든 것으로 알려져 있다. 또한 스탠퍼드 내의 비영리 스타트업 커뮤니티라고 할 수 있는 StartX25)의 CTO(최고 기술 책임자) 출신이기도 하다.

그는 학부 시절에 새로운 컴퓨터 마더보드를 설계하고 제작하였으며, 박사 과정에서 이더리움이 탄생하기 이전에 스마트 컨트랙트를 작성하는 프레임워크를 개발하여 MS논문으로 발표했었다. 그는 스탠퍼드 대학 컴퓨터 공학부에서 분산 응용 프로그램 CS359B를 가르쳤으며, 스탠퍼드 대학 학생들을 위한 비영리 스타트업 액셀러레이

터인 스타트엑스(StartX)의 창립 최고기술경영자로 활동하여 2천여 명이 넘는 기업가를 지원했다.

니콜라스 코칼리스는 암호화폐의 기술적, 재정적, 사회적 잠재력을 믿고, 이 한계를 극복하고 블록체인의 힘을 더 많은 사람들에게 전달하기 위해 최선을 다하고 있다. 앞으로 새로운 블록체인의 개발 프로세스를 거꾸로 뒤집는 사용자 중심의 디자인 철학을 토대로 파이 네트워크를 구축하고 있다.

함께 일하는 청디아오 판(Chengdiao Fan)은 소셜 컴퓨팅을 활용하는 전산 인류학의 스탠퍼드 박사 학위를 받았다. 스탠퍼드 대학에서 인류 과학 분야에서 인간 행동 및 인간 그룹 연구에 대한 전문 지식을 쌓았다. 연구 관심 분야는 인간과 컴퓨터의 상호작용 및 소셜 컴퓨팅, 특히 기술을 사용하여 인간의 행동과 사회에 긍정적인 영향을 주는 방법에 중점을 두는 것이다. 생산성을 향상시키고 소셜 커뮤니케이션을 확장하며, 미확보 소셜 자본을 사람들에게 제공하는 소프트웨어 시스템 설계에 관한 일에 해박한 지식을 가진 것으로 알려져 있다. Pi Network의 모기업인 SocialChain26의 대표이사로 등재되어 있다. 영어와 중국어가 능통하며 과학자, 엔지니어이며 니콜라스 코칼리스의 아내이다.

파이코인의 본사는 미국 캘리포니아주 산타클라라 군에 속한 도시 서니베일(Sunnyvale)에 있다. 로스앨토스, 산호세, 쿠퍼티노, 마운틴뷰, 산타클라라와 접하고 있다. 실리콘밸리의 일부로 많은 세계적인 기업들이 본사를 두고 있는 곳이다.

Start X 에 대한 회사 파트너 사람들 중간 재학생 자주하는 질문 채용 연락하다 적용하다

Stanford 최고의 기술 및 MedTech 기업가 지원 10주년 기념

StartX는 연쇄 창업가, 업계 전문가, 스탠포드 종신 교수 및 충분한 자금 지원을 받는 성장 단계 스타트업으로 구성된 비영리 커뮤니티입니다. 우리는 기업가가 개인으로서 할 수 있는 것보다 그룹으로서 더 많은 것을 성취할 수 있다고 믿습니다. 우리는 우리 회사가 엘리트 인재를 고용하고, 자금을 확보하고, 세계에서 가장 강력하고 혁신적인 네트워크 중 하나인 Stanford University Alumni Network를 활용할 수 있도록 돕습니다.

와 제휴

Stanford
GRADUATE SCHOOL OF
EDUCATION

우리 회사의 총 가치는 $26B 이상입니다.

2011년부터 **700**개의 스타트업   StartX 커뮤니티의 **1600**명 이상의 창립자   승인된 회사당 평균 **1,100**만 달러 이상 모금   **92%**의 기업이 여전히 성장 중이거나 인수됨

Start X

우리의 사명과 영향

StartX는 체험 교육과 집단 지성을 통해 스탠포드 최고의 기업가를 양성하는 교육 비영리 커뮤니티입니다. StartX는 수수료가 필요하지 않으며 신생 기업으로부터 자본을 전혀 받지 않습니다. StartX의 스타트업은…

- 최고의 액셀러레이터보다 1억 달러 이상의 가치에 도달할 가능성이 **3배** 더 높습니다.
- 같은 나이의 액셀러레이터보다 **10억** 달러 이상의 기업이 **5배** 더 많습니다.
- 업계 평균보다 시리즈 A 도달 성공률이 **+60%** 더 높습니다.
- StartX 회사에서 모금한 평균 벤처 자금 **$1,100만 이상**
- **84%** StartX 회사는 여전히 성장 중 + 10년 동안 인수
- 업계 평균 대비 여성 주도 StartX 기업의 벤처 펀딩 비율 **5배**

무엇보다도 StartX 모델은 기업가들이 서로를 지원하도록 양성하고, 다른 사람들과 협력하고, 다음 세대와 통찰력을 공유하고, 이를 실현할 수 있도록 비영리 커뮤니티를 지원하는 데 관심이 있는 스타트업 창업자들을 대표합니다.

27) StartX: https://startx.com/ 구글 번역 후 보정

실리콘밸리는 구글을 비롯한 빅테크 기업과도 가깝고, 실리콘벨리에 있는 대규모 암호화폐 거래소와도 지리적으로 가까워서 협업하기 쉽다. Pi Network는 오픈메인넷 전에 스텔라 스마트컨트랙트 소로반(Soroban)을 장착할 가능성이 매우 커 전 세계에서 가장 빠른 속도로 스마트계약을 처리하고, 널리 사용되는 디지털화폐로 사용될 가능성을 앞당기고 있다.

빈센트 맥필립(Vincent McPhillip)은 스탠퍼드 대학에서 가장 큰 블록체인 그룹인 블록체인 컬렉티브(Blockchain Collective)의 공동 설립자로 알려져 있다. 초기에 니콜라스 코칼리스, 청디아오 판과 설립 후 왕성한 활동을 하다가 현재는 퇴사 후 자기 사업을 하는 것으로 알려진다.

파이네트워크는 현재 Pi Network의 모회사 격인 SocialChain의 대표이사로 청디아오 판이, Pi Network의 기술책임자로서 니콜라스 코칼리스가 역할을 분담하여 파이코인이 전 세계 디지털화폐로서 가장 널리 사용되고 채택되게 하기 위해 분주히 역할을 수행하고 있다.

2. 디지털화폐의 진화

Pi Network 개발진을 파이 코어팀(Pi Core Team)이라고 부른다. 한국인 개발자도 참여하는 이 팀은 파이코인을 전 세계 디지털화폐로 사용하기 위한 기반을 만들기 위해 설립 이후 현재까지 개발에 매진해 오고 있다.

개발에 참여하는 기술진들도 1억 명이 넘는 Pian(파이안)이 앱을 설치하고 이용함에 따라 계속 충원되고 있으며, 전 세계 거의 모든 국가와 지역에 진출한 파이네트워크의 커뮤니티가 활성화되도록 돕는 역할을 하는 '모더(Moderator)'라고 불리는 분들이 51개 언어로 번역되어 서비스 되는 파이챗 방에서 활동하고 있다.

파이코인은 Pi Network(파이코인을 채굴하는 앱)에서 전 세계 거의 모든 언어로 번역되어 국가별로 선택해서 사용할 수 있고, 언어 장벽을 허물 수 있다는 장점 때문에 전 세계 거의 모든 국가와 지역에서 채굴되고 있다. 현재 파이코인을 화폐처럼 사용할 수 있는 사용자는 KYC를 통과하고, Pi Browser(파이코인을 쓰는 앱)에서 지갑(Wallet.pi)에 파이코인이 이동되어 실제 쓸 수 있는 파이가 있는 사람들이다. 1억 명이 넘는 전 세계 앱 설치 사용자, 적극적으로 파이코인을 채굴하는 5,000만 명이 넘는 사용자, 이 중에 현재 500만 명 이상이 KYC를 통과하고 330만 명이 넘는 사람이 지갑에 파이를 받은 것으로 알려져 있다.

파이코인을 지갑으로 받은 사용자들은 개인 대 개인, 개인 대 자영업자, 개인 대 기업, 기타 다양한 방법으로 거래를 하면서 파이코인을 사용하고 있다. 현재는 메인넷(파이코인을 전 세계 금융시스템에서 사용하기 위한 시스템)이 설계되어 있으나 방화벽으로 막아놓은 폐쇄형 메인넷 단계에서 파이코인을 사용하고 있다. 이 단계에서 파이코인의 자유로운 사용이 가능하나 거래 금지 품목(법정화폐로의 교환, 불법 상품 및 서비스, 도박, 기프티콘 및 카드)이 존재한다. 이를 어기고 거래할 시 계정이 정지되고 지갑이 120년간 동결될 수 있다.

그리 멀지 않은 시간에 오픈메인넷이 시작되면 파이코인을 법정화폐로, 다른 메이저 암호화폐로 교환이 가능할 것으로 예상된다. 또한 세상에 존재하는 모든 재화와 서비스를 파이코인으로 거래하는 시대가 올 것이다. 파이를 소유하는 파이안들이 기하급수적으로 늘어날 것이고, 법정화폐의 인플레이션을 이기지 못한 전 세계 사람들이 인플레이션을 견디고 화폐로서의 기능도 수행할 유일무이한 파이코인의 가치를 알아볼 것이기 때문이다.

전 세계 금융의 트렌드가 비트코인과 이더리움, 주요 암호화폐를 선물이 아닌 현물 ETF로 거래할 수 있는 시작 단계로 접어들었다. 그동안 암호화폐에 대한 시각이 반신반의에서 이제 확고한 자산으로 인식되고, 이를 거래하는 방법도 선물이 아닌 현물 방식으로 전환되고 있다. 현물 방식으로 거래가 전환되는 단계에서 금융 기관은 실제로 암호화폐를 소유해야 하므로 그 가치가 상승하게 될 수밖에 없다.

또한 암호화폐 거래소뿐만 아니라 현물 ETF를 취급하는 모든 거래서에서 비트코인과 이더리움과 같은 암호화폐를 거래할 수 있게 된다. 이는 암호화폐 거래소 이용에 심리적 거리감을 느꼈던 투자자들이 쉽게 암호화폐를 거래할 수 있게 돼 암호화폐의 대중화를 앞당길 것이다. 미국 키오스크에서 달러나 암호화폐로 햄버거를 사 먹고, 호주에서 급여를 비트코인으로 받는 세계적인 트렌드를 거스를 수는 없다.

암호화폐가 기존 화폐를 대체하는 화폐로서 사용되는 시대에 어떤 암호화폐가 선두를 달릴 것인가하는 궁금증은 글로벌 전체의 뜨거운 잇슈이다. 전 세계 어디서나 스파트폰을 사용하는 사람이라면 파이코인을 받을 수 있고, 지갑을 사용하여 파이코인으로 재화나 서비스를 구매할 수 있다. 세계 어디에서든 파이코인을 쉽게 전송하고 받을 수 있기 때문에 많은 사람들이 파이코인을 세계에서 가장 널리 사용되는 디지털 화폐로 인지하는 시점이 도래했다. 오픈메인넷 시점에서는 사용자가 폭발적으로 늘어나는 것을 목격하게 될 것이다.

파이 네트워크는 미국 유명 대학들의 해커톤[39] 행사에 주요 후원자로 참여하고 있다. 하버드대학교, 아이콘 UC 버클리, 코넬대학교, Stanford 대학교에서 파이 네트워크 설명회, 취업박람회 등을 개최하였다. 이러한 활동은 파이코인 기반 경제 모델인 파이노믹스의 탄생을 예고하는 중요한 이벤트로 기록될 것이다.

파이코인은 후오비를 비롯한 몇몇 거래소에 IOU('I Owe You'의 약자로 아직 시장에 풀리지 않은 일정량의 코인을 미리 사고, 파는 것을 말한다.) 형태로 거래되고 있다. 코어팀은 폐쇄형 메인넷 기간 동안 실제 파이의 상장은 불가능하다고 공지한 바 있다. 트론 창립자이자 후오비 글로벌 지분 60%를 인수한 것으로 알려진 저스틴 선은 파이코인이 오픈 메인넷 후 실제 파이를 거래소 이용자들에게 지급할 수 있다고 공언한 바 있다.

파이코인 백서에 따르면 파이코인의 총 발행량은 1,000억 개다. 이 중 200억 개는 코어팀에게 분배되고, 800억 개는 파이 커뮤니티에 분배된다. 800억 개 중 650억 개는 전 세계 채굴자들에게 분배되고, 100억 개는 생태계 유지를 위해 적립, 50억 개는 유동성 풀을 위해 적립된다.

아래 그림은 모바일에서 웹의 영역으로 파이네트워크를 확산하기 위해 코어팀에서 발표한 PiNet의 실행 화면이다. 모바일 영역에서 웹의 영역으로 사용자 편의를 넓힘으로써 파이네트워크는 사용자에게 이익을 분배하는 웹3의 정신을 가장 빠르고 널리 실행하는 선도 기업이 되고 있다.

파이코인에 대한 많은 정보들은 페이스북, 인스타그램, 유튜브, 트위터(X로 이름 변경), 텔레그램과 같은 SNS 플랫폼에서도 팔로우를 통해 정보를 얻을 수 있다. 파이 앱을 실행하여 왼쪽 상단에 삼줄 메뉴를 실행하면 파이코인 공식 SNS 채널을 볼 수 있다. 현재 트위터(X)의 팔로워 수가 260만 명을 넘어서 곧 리플의 팔로워 수를 추월할 것으로 보인다.

블록체인 기반 웹3를 선점하기 위한 https://pinet.com/
모바일에서 웹까지, 모든 기기에서 이용이 가능하게 확장하고 있는 초기 모습이다.
현재는 웹에서 Fireside 아이콘을 클릭하면 실행 화면을 볼 수 있다.

금명간 데이터 역전 현상이 날 것을 예상할 정도로 놀라운 속도로 발전하고 있다.

국내에서도 네이버 카페, 파이코인 기반 쇼핑몰, 자영업자 매장 등에서 파이코인을 사용하여 다양한 상품과 서비스가 거래되고 있다. 전 세계적으로는 파이코인을 사용하여 거래하는 다양한 사례(여행, 게임, 부동산, 자동차, 오토바이, 최고급 카지노 호텔, 쌀, 농산물, 수산물, 기타 상상할 수 있는 재화나 서비스)가 알려졌으며, 소규모 커뮤니티 행사에서부터 대규모 행사들까지 전 세계 곳곳에서 파이코인 기반 경제를 실현하기 위한 행사들이 개최되고 있는 것을 SNS 등을 통해 확인할 수 있다. 최근 코어팀은 공식 SNS를 통해 한국의 거래 사례를 대표적으로 소개하는 등 한국 시장을 주목하고 있다.

파이코인을 계속 높은 속도로 채굴할 수는 없다. 출시 이후 많은 반감기를 거쳐왔고, 현재는 채굴속도가 한 달에 한 번 감소한다. Pi Network가 완전한 오픈 메인넷을 출시하면, Pi Network는 완전히 탈중앙화되고 본격적인 디지털화폐로서 위력을 발휘할 것이다. 그리고 파이노믹스가 실현되는 것을 피부로 느끼는 순간에 파이를 접하는 사용자들은 채굴을 통한 파이를 많이 얻지 못하게 될 것이다.

'파이코인은 혁신이다.'
'파이코인은 비트코인의 대안이 될 수 있다.'
왜 그런지 더 살펴보자.

3. 파이노믹스의 실현

파이노믹스(Pinomics)는 파이코인과 이코노믹스의 합성어다. 파이코인 기반의 경제가 어떻게 실현되는지 구체적으로 살펴보도록 하자.

파이코인은 기존의 암호화폐와는 달리 채굴에 전문적인 장비가 필요하지 않다. 파이코인은 스마트폰만 있으면 누구나 채굴할 수 있다. 이러한 특성으로 인해 파이코인은 기존의 암호화폐보다 에너지 효율이 높다. 즉 환경을 파괴할 정도의 전기가 필요하지 않다. 엄청난 전기에너지를 사용하여 채굴하는 비트코인과 다르게 스마트폰에서 채굴할 수 있기 때문이다.

파이코인의 오픈 메인넷은 아직 출시되지 않았다. 파이코인 개발팀은 파이코인을 누구나 쉽게 사용할 수 있는 암호화폐로 만들기 위해 노력하고 있으며, 오픈 메인넷은 안정성과 보안성을 충분히 검증한 후에 열릴 것으로 예측된다. 비트코인, 이더리움과 같은 주요 암호화폐의 현물 ETF 거래가 곧 본격화될 것으로 보이고 블록체인 기반 웹3 시대의 도래에 따라 파이코인의 오픈메인넷 공개가 임박해 있는 시점이다.

비트코인은 2,100만 개의 총량 중 비트코인의 첫 번째 블록인 제네시스 블록을 채굴하는 데 사용된 개인 키인 제너시스 키에 1,000,000개의 비트코인이 있다고 알려져 있다. 비트코인 제네시스 키를 가지고 있는 사람은 누구인지 모른다. 비트코인의 창시자 사토시 나카모토가 가지고 있을 가능성이 크지만 사토시 나카모토의 정체가 밝혀지지 않았기 때문에 누구도 확실히 알 수 없다.

코어팀은 주요 암호화폐인 비트코인, 이더리움 등이 소수에 의해 독점되는 단점을 보완해서 파이코인을 만들고 있다. 파이코인은 비트코인과 같은 블록체인 기술을 기반으로 하지만, 다음과 같은 몇 가지 장점이 있다.

첫째, 더 빠른 거래 속도와 저렴한 수수료
둘째, 더 많은 보안성
셋째, 더 많은 에너지 효율성
넷째, 더 많은 접근성

파이코인의 GCV(Global Consensus Value)를 314,159달러로 정하자는 목소리가 트위터(x)를 비롯한 많은 SNS에서 들려온다. 전 세계 거의 모든 국가와 지역, 51개가 넘는 언어로 번역되어 전 세계 사람들이 1인 1계정을 갖고, 스마트폰만 있으면 누구나 채굴할 수 있는 수 있는 파이코인을 기반으로 한 경제 모델인 파이노믹스의 실현은 블록체인 기술이 태동하여 안착되어 가는 시점인 현재 세계에서 가장 널리 채택되는 수순으로 가고 있다.

한국의 경우만 보더라도 자산을 쪼개서 블록체인 기반 토큰으로 거래할 수 있도록 하는 사업체들이 준비되어 있다. 실물 자산과 가상의 자산을 암호화폐로 거래하는 본격적인 블록체인 웹3 시대가 도래한 것이다.

전 세계적으로도 암호화폐가 미래의 화폐가 될 것이라는 패러다임이 확산하고 있고, 그 물결이 피부로 와닿는 시점이다. 파이코인의 개념과 비전, 향후 미래를 모두 확인할 수 있는 백서를 통해서도 파이노믹스의 실현 가능성을 확인할 수 있다.

파이코인은 작업증명(POW)이나 지분증명(POS)방식보다 더 효율적인 방식의 블록체인 기술을 사용한다. 참여자들의 신뢰를 기반으로 하는 SCP(스텔라합의프로토콜)방식을 채택했다. 이는 지나친 에너지를 사용하여 인류의 생존권을 위협하는 에너지 문제를 지속 가능한 경제 모델로 전환하는 획기적인 기술이다. 더 나아가 KYC 인증에 있어서 검증인 제도까지 둔 POP(참여방식)도 진행하고 있다. 이러한 신원인증은 전 세계 국가가 암호화폐를 화폐로 채택하기 힘든 점을 해소하는 가장 빠른 방법으로 인식되는데, 이 분야에 있어서 독보적인 존재로 파이코인이 앞서가고 있다.

즉 전 세계의 사람들이 파이코인을 사용하여 결제, 송금, 투자 등을 할 수 있는 새로운 금융시스템을 구축하고, 파이코인을 사용하여 불평등에서 오는 빈곤을 줄이고, 더 나은 세상을 만들기 때문이다. 결과적으로 파이코인이 글로벌 디지털화폐로서 채택을 앞당길 것이다. 파이노믹스가 실현되는 이유를 정리하면 다음과 같다.

- 파이코인 생태계는 파이코인을 화폐로 사용하여 다양한 재화와 서비스를 교환할 수 있는 비즈니스 모델이다. 파이코인 생태계는 파이 코어팀이 직접 만든 앱, 해커톤에 참여한 개발자들이 구축한 앱을 사용하면서 기하급수적으로 커질 것이다.

- 파이코인을 사용하여 더 많은 사람이 더 나은 경제시스템을 경험할 수 있도록 파이브라우저에 앱을 만드는 속도가 가속화되고 있으며, 생태계 매장에서도 파이코인을 사용하여 거래를 할 수 있다. 또한, 개인과 개인의 거래도 물물교환 형태로 활발하게 진행되고 있다.

- 파이코인과 CBDC는 모두 블록체인 기술을 기반으로 한 디지털 화폐다. 파이코인은 중앙화된 주체에 의해 발행되지 않고, 파이코인은 전 세계 사람들이 채굴하고 사용할 수 있다. 반면, CBDC는 각국의 중앙은행에 의해 발행된다.

- 파이코인은 탈중앙화된 블록체인 기술을 기반으로 하고 있어서, DAO 조직이 될 가능성이 있다. DAO(Decentralized Autonomous Organization)는 중앙화된 관리자가 없는 조직을 말한다. DAO는 스마트 계약을 사용하여 조직의 운영을 자동화한다.

- 파이네트워크는 개인정보 보호 정책을 준수하고, 파이코인 사용자의 개인정보를 보호하는 역할을 한다. 파이코인은 개인정보 보호를 매우 중요하게 생각하고 있으며, 사용자의 개인정보를 안전하게 보호하고 있다. 이러한 규정을 철저히 준수하며 전 세계 디지털화폐로서의 자리를 굳혀가고 있다.

- 파이코인에서 진행하는 신원인증 절차인 KYC는 사용자의 신분증명서의 모든 개인정보가 검은색으로 가려져 진행된다. 비대면으로 통장 개설을 할 때 신분증 촬영을 하면 개인정보가 표시되는 신원인증 절차와 확연하게 대비되는 획기적인 기술과 정책이라고 평가된다.

- 파이코인 개발팀에서는 공식적으로 개인정보 보호에 대해 아래

와 같이 밝힌 바 있다.

✓ 사용자의 개인정보를 수집하지 않는다.

✓ 사용자의 개인정보를 저장하지 않는다.

✓ 사용자의 개인정보를 제3자에게 제공하지 않는다.

4. 파이코인의 우수성

1) 파이 네트워크 시스템

① KYC 시스템

파이코인은 KYC 시스템을 도입하여 모든 사용자들에게 본인 인증을 요구한다. 이는 암호화폐 관련 법규 준수(Compliance with the Law)와 자금세탁 방지(Anti-Money Laundry) 등 법적 제도적 장치를 제공하여 가짜계정(Fake Accounts) 및 불법자금세탁(Illegal Money Laundering) 등을 예방하고 안전한 거래 환경을 조성한다.

② 브라우저와 디앱(DApp)

파이 브라우저는 파이 네트워크 생태계의 일부로써 사용자들에게 웹 서핑(Web Surfing) 기능과 함께 보상 기능을 제공한다. 또한 파이 네트워크에서는 다양한 디앱 개발에 착수하여 경제 활동 지원 및 커뮤니티 활동 등 다양한 서비스를 제공한다.[40]

③ 지불 시스템(Payment system)

파이코인은 지불용 결제 토큰으로 개발되었다.[41] 파이 브라우저를 통해 누구나 가상의 스토어(Store)를 구축하고 P2P로 상품을 매매할 수 있다. 또한 파이 브라우저를 통해 개발자 및 기업가 등 누구나 디앱 구축에 쉽게 참여할 수 있도록 데이터, 자산 및 프로세스를 제공한다.

2) 파이코인 가치상승

① 반감기(Halving)에 의한 희소성(Scarcity)

파이코인은 채굴자의 수에 따른 반감기와 월 단위 반감기를 통해 채굴량을 조절하여 가치가 자연스럽게 상승한다. 이는 파이코인의 채굴 공급량을 줄여서 가치상승을 유도하는 메커니즘으로 파이코인의 가치상승에 크게 도움이 된다.

② 탈중앙화와 노드 수

파이코인은 폐쇄형 메인넷(Enclosed Mainnet)임에도 불구하고, 노드 수가 15만여 개로 비트코인의 10배에 이른다. 이는 탈중앙화를 향한 노력과 네트워크의 분산성을 나타내며, 신뢰성과 보안성을 강화하는 데 크게 작용하고 있다.

③ 생태계 및 적절한 보상 시스템

파이코인은 접근성과 강력한 유틸리티(Utility) 기반의 웹3 생태계를 제공한다. 현재 5천만 명 이상의 채굴 회원을 보유하고 있는 개방형 커뮤니티이며, X(Twitter)내에서 파이의 팔로워는 263만을 돌파하여 코인마켓캡 기준 시가총액 5위(2023.09.18.)인 리플(XRP)을 추월 직전에 두고 있다.[42][43]

파이코인은 모바일 기기에서 누구나 항상 무료로 채굴할 수 있으며, 네트워크 구축 및 유지 기여자에 대한 적정한 보상 시스템으로 전세계 사람들에게 공정하고 분산된 암호화폐를 제공하고 있다.

④ 파이코인의 접근성

파이코인은 블록체인 기술을 기반으로 하지만, 기존의 암호화폐와는 달리 모바일만 가지고 있다면 누구나 무료로 쉽게 채굴할 수 있다는 장점이 있다. 이는 파이코인의 대중화를 촉진 시킬 뿐만 아니라 암호화폐에 대한 잘못된 편견도 바뀌고 있다.

⑤ 파이코인의 대중성

파이코인은 현재 1억 명이 넘는 앱 설치 사용자와 적극적으로 파이코인을 채굴하는 5천만 명 이상의 회원을 보유하고 있는 글로벌 커뮤니티를 구축하고 있는 플랫폼이다. 이는 파이코인의 잠재적인 가치를 높이는 요인으로 작용하고 있다.

(4. 이효권 글)

5. 파이코인의 미래

파이코인 해커톤 대회는 파이코인 사용 생태계를 더 발전시키기 위해 개발자들이 모여 아이디어를 공유하고 솔루션을 개발하는 행사다. 파이코인 해커톤 대회는 현재 매달 개최된다. 전 세계의 개발자들이 오픈된 소스(PIOS) 등을 사용하여 쉽게 참여할 수 있다.

파이코인 해커톤 대회에서 우승한 프로젝트는 파이코인 브라우저에서 사용된다. 파이코인 해커톤 대회는 파이코인 사용처를 다양화하고, 파이코인의 가치를 높이는 데 중요한 역할을 한다. 우수한 앱 개발자는 상금으로 파이코인을 받는다.

파이 앱은 파이를 채굴하는 앱, 파이브라우저는 파이를 쓰는 앱으로 이해하면 쉽다. Pi 앱과 Pi 브라우저 앱은 앞으로 파이노믹스가 실현되는 전 세계 어디에서든 가장 널리 사용되는 디지털화폐를 사용하는 수단이 될 것이다. 웹에서도 사용할 수 있는 PiNet의 출시로 인해 웹3라 불리는 패러다임에서 파이코인이 최고의 자리에 오르는 것은 시간문제가 될 것이다.

파이 노드는 블록체인을 검증하는 역할을 한다. 블록체인에 새로운 블록이 추가될 때마다 블록의 유효성을 검사한다. 파이 노드는 전 세계의 Pi 사용자들이 운영할 수 있다. 파이 노드를 운영하려면 Pi Network의 공식 홈페이지에서 파이 노드 소프트웨어를 내려받아 설치해야 하고, 파이 노드를 운영하면 파이코인을 추가로 보상받을 수 있다. 파이 지갑에서 파이코인을 전송할 때는 0.01개의 파이코인이 수수료로 부과된다. 수수료는 블록체인에 기록되며, Pi Network의 보안을 유지하고, 네트워크의 운영을 유지하기 위해 사용된다. 파이코인의 채굴이 중단되면 노드 운영자에게 파이코인 수수료를 나누어 줄 것으로 예상되기 때문에 노드 운영은 파이노믹스에서 사용자의 부를 축적하게 해줄 가장 중요한 도구 중 하나로 여겨진다.

사용자의 신원을 확인하는 KYC(Know Your Customer, 고객 확인 제도, 로봇인지 사람인지 확인하는 제도, 아무에게나 계정을 발급해 줄 수 없으니 신분을 확인하는 제도)는 사용자의 자산을 보호하는 데 도움이 된다. KYC가 글로벌 디지털화폐의 성공에 필수적이라고 생각하는 것이 시대의 흐름이 되었고, 주요국의 경우에는 KYC를 의무화하는 추세로 가고 있다. 자금세탁과 테러 자금 조달을 방지하기 위해 KYC를 의무화하는 나라가 늘어나고 있는 글로벌 추세 속에서 파이코인과 같은 엄격한 KYC를 실시하는 암호화폐는 없다. 미국과 유럽, 세계 주요국은 KYC를 의무화하고 있다. 유럽연합(EU)은 자금세탁과 테러 자금 조달을 방지하기 위해 KYC를 의무화하는 규제를 마련했다. 이 규제는 모든 EU 회원국에 적용되며, 모든 EU 내 암호화폐 거래소는 KYC를 의무적으로 시행해야 한다.

한국은 2021년 12월 28일 '특정 금융거래정보의 보고 및 이용 등에 관한 법률'과 2023년 6월 5일 '특정 금융거래정보의 보고 및 이용 등에 관한 법률 시행령'을 시행한다. 암호화폐를 가상자산으로 분류하고, 자금세탁과 테러 자금 조달을 방지하기 위해 암호화폐 거래소에 KYC를 의무화하는 규제를 마련했다. 또한, 암호화폐 거래소의 신고를 의무화하고, 암호화폐 거래소의 손실에 대한 투자자 보호를 강화하는 규제를 마련했다.

블록체인 기술의 대표적인 것이 암호화폐와 NFT다. 암호화폐는 블록체인 기술을 사용하여 생성된 디지털 자산이다. 암호화폐는 분산형 네트워크를 통해 발행되고 거래되며, 특정 기관이나 개인이 통제할 수 없다. NFT는 블록체인 기술을 사용하여 생성된 디지털 자산의 한 종류다. NFT는 고유한 ID를 가지고 있으며, 이 ID를 통해 NFT의 소유권을 증명할 수 있다. NFT는 디지털 아트, 음악, 게임 아이템 등 다양한 분야에서 활용될 수 있다.

파이코인은 암호화폐와 NFT의 세계적인 확산에 기여하고, 개인, 국가가 채택하여 사용하면서 디지털화폐로 자리매김할 것이다. 개발팀이 암호화폐와 NFT를 보다 쉽게 접근하고 사용할 수 있도록 플랫폼을 최고의 기술로 구축하기 때문이다. 누구나 쉽게 암호화폐를 채굴하고 NFT를 구매할 수 있도록 해서 파이코인의 출현은 블록체인 기반 경제 모델에 혁신을 이룰 것이다.

따라서 개발팀의 계획대로 개발이 완료되면 미래의 글로벌 디지털 화폐로 자리매김할 것이다. 개발팀의 로드맵대로 진행되는 과정에서 파이코인은 그 영역을 확대하여 사용자 측면, 기술적인 측면, 경제적인 측면에서 세계적으로 가장 큰 규모의 노드와 커뮤니티를 보유한 유일무이한 암호화폐로 쓰일 것이다.

5장 가입 절차와 효율적 채굴 방법

구 기 압

1. 가입절차

① 안드로이드 폰은 플레이스토어에서, 애플폰은 앱스토어에서 Pi
   Network 검색하여 설치(https://minepi.com/)

② 휴대폰번호, 애플, 페이스북으로 가입 중 택 1

   (휴대폰 번호 가입 추천)

③ 국가번호는 South Korea(+82)를 선택, 휴대폰번호 입력시 +82
   10xxxxxxxxx(010에서 앞에 0은 빼야 함.)

④ 실제 이름을 영어로 작성(여권이 있으신 분은 반드시 여권과 동일한 스펠링으로
   작성)하고, 사용자 이름 란은 타인을 초대하는 코드로 사용되는
   것이라 자유롭게 영문, 숫자로 작성

⑤ 추천인 코드 작성(자기와 인연이 된 사람 아이디를 입력)

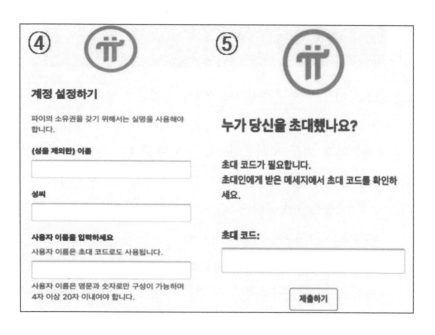

추천인은 항시 채굴을 유지하는 사람으로 선택해야 내 채굴속도가 줄지 않고 보너스 속도까지 유지될 수 있으니 신중히 선택한다. 다시 말하면 자기추천으로 가입한 사람들은 앞으로 계속 도와주고 관리해야 한다.

- 추천인 시스템은 다단계가 아닌 단단계이므로 본인을 추천해 준 1명에게만 채굴속도의 영향을 받는다.
- 이름은 추후 KYC를 인증할 때 통과 여부를 결정지을 요소 중 하나이니 반드시 본인의 여권에 있는 이름을 작성해야 한다. 여권이 없으면 발음이 비슷한 스펠링으로 작성
- 페이스북이나 애플 아이디로 가입하여도 상관은 없고, 추후 앱에서 추가 인증으로 계정을 안전하게 지킬 수 있다.

2. 메인화면 UI 개요

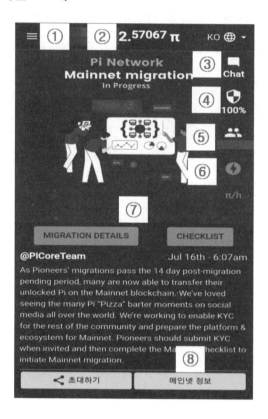

① 전체메뉴

② 현재까지 모은 파이의 총 갯수

③ 채팅방

④ 보안서클(방패) (3-4장. 방패에 별도설명)

⑤ 추천인 수(현재 채굴인원/총 추천 받은수)

⑥ 시간당 파이 채굴량 및 채굴 버튼(채굴 후 24시간 이후 활성화)

⑦ 메인화면(공지 및 최근 업데이트 내용이 수시로 바뀜)

⑧ 메인넷 정보(가입 후 14일 이전까진 "이름 검토하기" 메뉴로 나타남)

3. 주요 기능 설명

3-1. 이름검토

KYC인증을 위해 여권이 없거나 스펠링이 잘못 기입된 사람들을 위해 14일 동안 이름 변경 기회가 주어진다.

① 이름 검토하기 터치(이름 검토하기 버튼이 없으면 메뉴-프로필에서 이름 변경 요청 진행하기로 접속할 수 있다.)

② 수정하기 터치

③ 영어 이름은 처음 가입한 이름으로 되어있으니 여권과 스펠링이 다르다면 반드시 여권과 동일하게 수정하고, 여권이 없으면 발음과 비슷한 스펠링으로 한다.

④ 3번에서 아래로 내리면 '모국어로된 이름 등록'을 누르고 4번 진
   행 실제 신분증에 있는 이름 등록 후
⑤ 저장하기 터치

3-2. 휴대폰, 페이스북, 이메일 인증

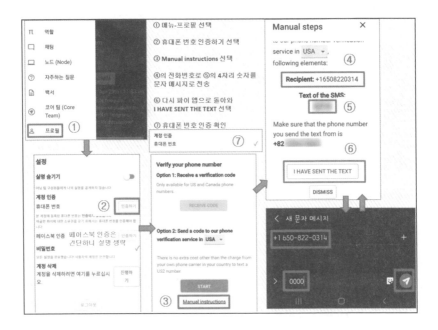

① 메인화면에서 좌측상단의 삼선(메뉴) 터치하고 프로필 터치
② 휴대폰번호 인증하기 터치-페이스북과 이메일 인증까지 해놓
   으면 추후 계정 분실시 찾을 방법이 늘어나니 모두 해놓는 것이
   좋다.
③ 본 매뉴얼과 같이 Manual Instructions 선택하여도 되지만
   START를 터치하여 진행하는 것이 더 편하다. START를 누르게
   되면 자동으로 해당 번호로 문자가 발송되며 인증이 진행된다.

자동으로 진행되지 않으면 위 사진과 같이 수동으로 진행한다.

④ 받는사람 번호 확인

⑤ 보낼 숫자 4자리 확인

⑥ 휴대폰의 홈버튼을 눌러 메시지로 이동하여 4번의 번호에 5번의 숫자 4자리를 넣어 전송 후 다시 파이앱으로 돌아와 I HAVE SENT THE TEXT를 터치

3-3. 매일 채굴 버튼 누르기

Pioneer-created art by @staatim on Discord

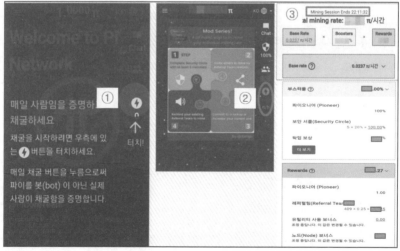

① 파이의 채굴은 첫 가입 이후 24시간이 되면 자동 종료된다. 24시간 이후 앱에 접속하면 사진과 같이 번개 모양에 하이라이트로 나타나 해당부분을 터치하면 다시 채굴이 시작된다.

② 평소에(채굴중에) 번개를 터치하면,

③ 다음 채굴세션 남은시간이 표시되고 현재 채굴속도에 미치는 영향들과 수치가 표시되어 있다.

• 기본 채굴률은 매달 전체유저의 채굴량에 따라 비례하여 감속

• 부스터는 보안서클(방패)설정과 락업 설정에 따라서 변동

• 리워드는 추천인보상과 유틸리티 사용 보너스, 노드 보너스로 구성

✓ 추천인 보상: 추천인이 채굴시에만 내 채굴속도에 보상

✓ 유틸리티사용 보너스: 파이브라우저내에 컨텐츠를 사용할때 보너스 적용(여기서 네이버 등 검색 가능)

✓ 노드 보너스: 현재 가장 크게 채굴속도를 올릴 수 있는 방법이며 개인 PC에 노드설정(내 PC를 블록체인 서버로 사용하게 공유하는것)을 하여 보상을 받는 수치, 대략 노드 운용시 초기에는 10명정도의 추천인 보상과 비슷하게 보너스 적용되며 유지기간에 비례하여 증가

3-4. 보안서클(방패) 설정

① 메뉴(삼선)의 역할 터치

② 기여자, 시작하기 터치

③ 기본적으로 내가 추천한 사람을 1명 등록 후(최근엔 자동 설정되어있음)

④ 연락처에서 초대하기 터치

⑤ 내 연락처에 초록색 파이마크가 있는 사람들 중 선택

⑥ 확인을 터치하여 해당인원 방패 추가, 여유있게 6명 이상으로 설정해놓아도 무방

- 일명 방패는 SCP 프로토콜 방식(신뢰)의 중요 요소로 개인간 서로 사람임을 증명해주며 보너스를 얻는 방식

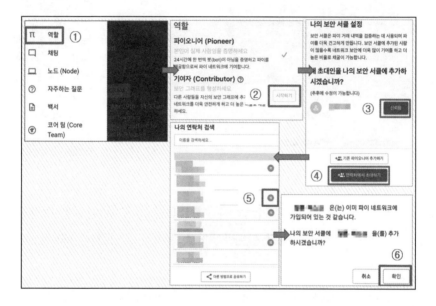

- 처음 채굴을 시작하고 총 4번의 채굴이 완료되어야 설정가능 하며, 1인당 20%의 기본 채굴속도를 증가시켜주고 5명이면 100%가 최대

- 추천인시스템과 마찬가지로 방패 적용으로 얻는 보너스는 해당 인원이 KYC 인증을 완료해야 받은 보너스를 실제 코인으로 지급 받을 수 있으니 끝까지 함께할 사람으로 구성해야 한다.

3-5. 파이브라우저 다운로드

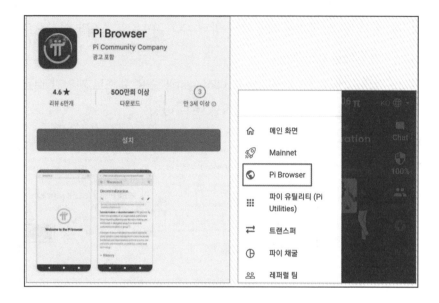

- 파이브라우저는 파이코인지갑, KYC인증, 추후 입점할 다양한 앱 등이 실행될 web3 브라우저로 파이를 운영할 때 필수로 다운받아야 함.
- 플레이스토어(안드로이드)나 앱스토어(애플)에서 Pi Browser 검색 후 다운로드 하거나 파이앱의 메뉴에서 Pi Browser 터치하여 다운로드
- 스토어 이용시 비슷한 다른 앱 다운받지 않도록 주의한다.

3-6. 지갑만들기

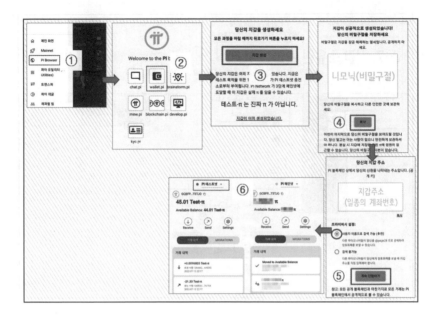

① 파이브라우저 앱 접속(파이앱이나 바로 파이브라우저 접속)

② wallet.pi 선택

③ 지갑생성 선택

④ 자동생성되는 니모닉(비밀구절)을 복사 후 안전하게 저장

⑤ 사용자 이름으로 검색가능(추천) 선택, 계속 진행하기 선택

• 지갑의 니모닉(24개의 영단어로 구성된 비밀구절)은 분실 시 모든 파이를
  잃을 수 있으니 절대 안전한 곳에 수기 작성하여 보관할 것.(온라
  인X, 오프라인O)

⑥ PI테스트넷을 눌러 PI메인넷으로 변경(테스트넷의 파이는 무료로 충전되
  니 전송 연습은 테스트넷으로 변경 후 연습)

• 지갑 생성후 지문이나 페이스 아이디 등록은 폰자체 기능을 ON 해야 한다.

3-7. 지갑 소유권 확인

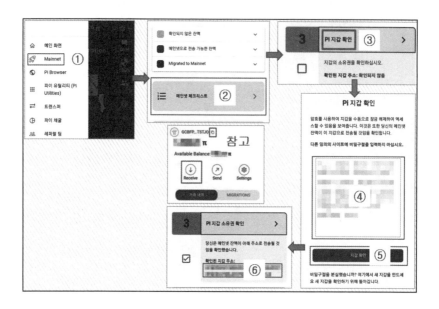

① 메뉴의 Mainnet 선택

② 메인넷 체크리스트 선택

③ PI 지갑 확인 선택

④ 3-5에서 저장해놓은 니모닉(비밀구절)을 이곳에 붙여넣기

⑤ 지갑확인 선택

⑥ 확인된 지갑주소와 실제 내 지갑주소가 같은지 확인

(참고: 지갑의 Receive를 누르면 내 지갑주소 확인가능)

3-8. 락업 설정

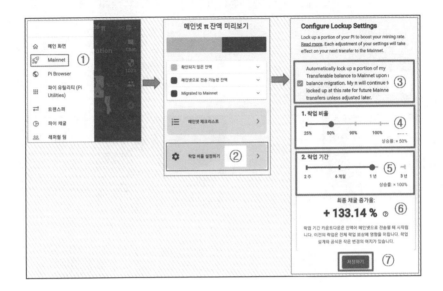

① 메뉴의 Mainnet 선택

② 락업 비율 설정하기 선택

③ 락업을 하겠다는 내용의 체크박스에 체크

- 체크박스에 체크를 하지 않고 저장하면 락업 보너스를 얻을 수 없으나 이후 변경 가능

④ 락업비율 설정

- 락업은 모은 파이를 지갑으로 이동할때 강제적으로 묶어두어 보상을 받는 보너스 설정, 고로 해당 비율과 기간만큼의 파이는 기간 종료시까지 사용하지 못함

⑤ 락업기간 설정

⑥ **최종 채굴 증가율 확인**(기본 채굴율에 플러스되어 적용되는 속도)

⑦ 저장하기 선택

- 모두 설정 후 비율이나 기간을 재설정 가능하지만 처음 설정한 수치보다 낮게는 설정할 수 없다.(25%->50% 가능, 100%->90% 불가, 기간도 동일)

3-9. KYC 신청

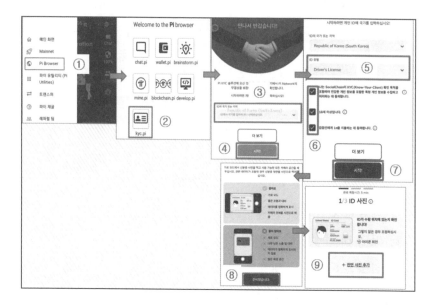

① 파이브라우저 접속

② KYC.pi 선택

③ ~ ⑧까지 과정은 아래 내용 참고

- KYC는 본인신분인증 과정으로 블록체인 시스템에 매우 중요한 역할을 한다. 해당 과정을 통과하지 못하면 힘들게 모은 파이는 무용지물이다.

- 또한 이 과정을 일정 채굴기간을 두어야 신청할 수 있기 때문에 (약 30번의 채굴) 이전 과정까지 완료 후 신청 가능할때 진행한다.

3-10. KYC 인증

□ 첫 번째 단계

• 국가선택: REPUBLIC OF KOREA(South Korea)
• 신분증선택:여권(Passport), 운전면허(Driver's Lisence), 주민등록증 (National ID Card) 중 선택
• 개인정보 동의 체크하고 18세 이상 체크 인증비용 1파이 지불하기 체크

□ 두 번째 단계

• 주민등록증, 운전면허: 약간 어두운 곳에서 가로로 놓고 앞 뒤 빛 반사 없이 찍어 업로드
• 여권: 뒷면이 없기에 사진있는 앞면만 찍어 업로드

□ 세 번째 단계

• 여권: 이름, 성만 영문으로
• 주민등록증, 운전면허: 전부 한글로 작성
• 예시 1) 이름:준호 2) 성:이 3) 미들네임 적지 말고 비움
• 성별: 남성, 여성
• 생년월일
• 주소1: 울산 북구 호계 매곡1로 32
• 주소2: 파이 아파트 205동 3103호

- 도시: 예1) 울산광역시 예2) 당진시
- 시/도:예1) 울산광역시 예2) 충청남도
- 우편번호: 예1) 44225
- 거주국가: REPUBLIC OF KOREA(South Korea)
- ID: 본인이 선택하신 신분증 번호(주민등록번호, 운전면허 번호, 여권번호), 이때 번호사이의 하이픈 – 도 넣는다.
- 유효기간: 신분증의 유효기간을 달력에서 선택한다.
- 셀카1): 원안에 얼굴을 맞추어 넣고 녹색으로 테두리 바뀔 때까지 기다린다.
- 셀카2) 상단에 캠액션 "smile ~ 웃으셔요, eye ~ 눈을 크게 뜨세요, tongue~ 혀 내미세요."이중에 한가지를 잘 보고 따라하기(캠액션 미션을 잘 해야 빨리 통과된다.)
- 캠 동작시 원 안에 2명 이상 보이면 안 된다.

□ 네 번째 단계

최종 본인이 인증한 내용 기입한 내용들 신중히 확인하고 이상 없으면 제출한다.

3-11. 메인넷 마이그레이션

파이앱 내 상단의 파이는 단지 숫자에 불과할 뿐, 파이브라우저의 지갑에 파이가 옮겨져가 블록체인상에 있는 코인으로 전환된다. 마이그레이션은 이 과정을 뜻하고 코어팀에게 지갑으로 이동시켜달라는 요청을 하는 과정이다. 이 과정은 KYC신청이 통과되어야 진행할 수 있다.

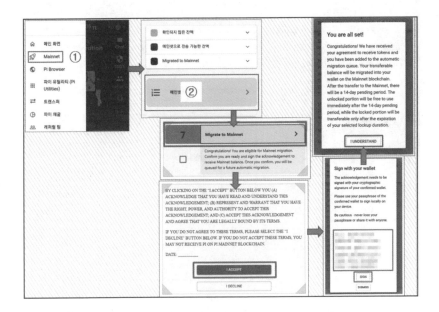

① 메뉴의 Mainnet 선택

② 메인넷 체크리스트 선택

③ 동의서의 I ACCEPT(동의) 선택

④ 지갑 니모닉 입력 후 SIGN 선택, 지갑으로 이동되면 14일간의 보류기간이 있다는 내용 확인 후 I UNDERSTAND 선택

4. 지갑 사용법 및 UI

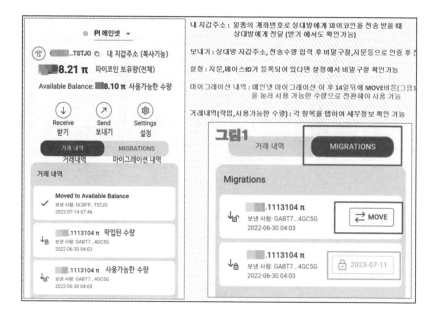

- 마이그레이션되는 파이코인은 등록된 개인 지갑으로 전송되는데, 기간은 현재 시점으론 랜덤하기 때문에 자주 지갑에 접속하여 확인한다. 기다림의 시간이다.
- 지문이나 페이스아이디를 등록해 놓았다면 설정에서 비밀구절을 재확인 가능
- 마이그레이션 된 이후에는 그림1에서와 같이 사용가능한 물량을 MOVE 버튼을 눌러 실제 사용 가능 하도록 해제해주어야 한다.
- MOVE버튼 아래는 락업 설정한 물량이며 날짜를 선택시 세부내용(락업이 풀리는 날 등)이 표시된다. 반드시 지갑 사용시에는 테스트파이로 다른 사람의 테스트파이 지갑으로 전송해보고 받아보는 연습을 한다. 이것이 익숙해 지면 진짜 파이코인을 송수금한다.

5. 파이브라우저 유틸리티와 효율적 채굴

1) mine.pi

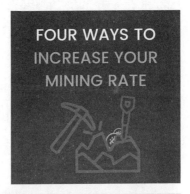

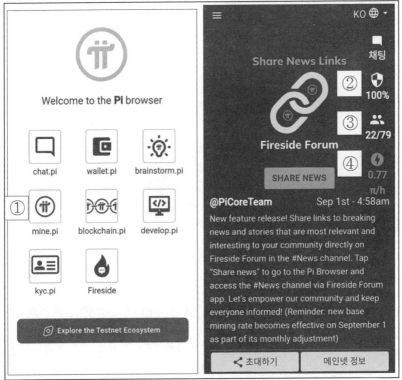

① 기본적으로 파이채굴 앱을 파이브라우저에서 불러올 수 있는 기능이다. 파이브라우저를 활용하는 것만으로도 유틸리티 보너스를 얻기 때문에 채굴속도를 증가시킬 수 있는 이점이 있다.

② 보안서클: 일명 방패라 불리우는 이 기능은 파이의 SCP(스텔라 합의 프로토콜)의 핵심적인 요소로 파이에 연결된 계정이 AI나 봇이 아닌 실제 사람임을 인정해줌으로써 가짜계정이 활동하지 못하도록 하는 이점이 있으며 최대 5명까지 설정하면 총 100%의 채굴 보너스를 얻을 수 있다.

• 방패설정은 총 5명으로 구성되며 추가한 인원이 KYC인증을 받게되면 해당 인원을 보증해준 대가로 기본채굴속도의 20% 추가 보너스를 받을 수 있다.

- 기존 파이오니어 추가하기: 현재 내 구성팀(레퍼럴) 내에서 추가할 수 있다.
- 연락처에서 초대하기: 위 사진과 같이 내 연락처에서 초록색 파이 마크가 있는 사람들(파이를 채굴하고 있는 사람) 중에 선택하여 방패 인원을 구성할 수 있다.
- 방패인원을 구성한다고 해서 해당 인원에게 따로 문자나 알림은 전송되지 않는다.
- 방패 구성원을 5명을 초과하여 설정해 놓는 것이 일부 인원이 KYC인증을 받지 않을 것을 대비하는 방법이 될 수도 있다.(되도록이면 KYC까지 받을 만한 인원으로 구성)

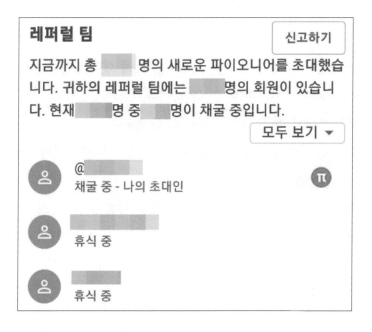

③ 레퍼럴: 나를 추천인으로 파이를 시작한 인원들 중 현재 채굴 중인 인원이 xx(채굴중)/xxx(레퍼럴수)로 표시되어 있다.

- 방패와 마찬가지로 레퍼럴 인원이 KYC까지 완료해야 해당 인원으로 받은 보너스 파이를 받을 수 있으니 레퍼럴 팀에게 지속적인 파이정보와 채굴 독려는 필수이다.

사람들을 Pi Network에 가입하여 레퍼럴 팀에 추가하거나 적극적으로 채굴하지 않는 회원을 초대하기 위해 알림을 보내세요.

초대하기 | **알림 보내기**

레퍼럴 팀 채팅 생성하기

- 초대하기: 문자 등과 같은 메신저를 통해 새로운 인원에게 파이를 소개하는 문자를 보내는 기능이다.
- 알림보내기: 현재 나의 레퍼럴 팀 중 채굴버튼을 누르지 않은 사람에게 파이채굴 알림을 보내는 기능으로 24시간 마다 한번 사용할 수 있다.
- 레퍼럴 팀 채팅 생성하기: 기본적으로 나를 추천인으로 등록한 인원과의 채팅방이 파이 앱에 생성된다. 파이앱 채팅에서도 레퍼럴 팀원에게 파이의 지속적인 채굴 독려 및 정보 전달 용도로 사용하는 것이 효과적이다.

채굴과 보상

④ 채굴버튼(번개버튼): 24시간마다 파이 브라우저의 초록색 버튼이 활성화되며 버튼 터치시 다시 채굴이 시작된다. 채굴 중에는 해당 메뉴에서 채굴속도에 영향을 미치는 항목들과 수치를 확인할 수 있다.

- 마이닝 세션 종료 시간: 여기 표기되는 시간이 지난 후에 채굴버튼이 종료된다. 다시 재활성화가 필요하다.
- 총 채굴속도: 시간당 채굴하는 파이의 수량이 표시되어 있고 해당 속도는 아래와 같은 공식에 의해 계산된다.
- 기본채굴률 X 부스터(%) X 보상 = 시간당 채굴속도
- 기본채굴률은 매달 초 이전달의 전체 네트워크에서의 총 채굴량에 비례하여 감소되기 때문에 언제나 현재의 기본채굴속도가 가장 높은 속도라고 생각하면 된다.
- ✓ 2023년 9월의 기본 채굴속도는 시간당 0.0101π, 기본적으로 방방패 100%(5명)를 한다고 가정하면 1시간당 0.0101 X 1 = 0.0101

π가 된다.

✓ 이말 뜻은 1명만 방패설정을 하면 20% 즉 0.2가 되므로 오히려 채굴속도가 줄어들게 되므로 방패 5명 설정은 필수라고 생각하면 된다. 추가로 5명을 초과해도 상관없지만 5명을 초과하는 것에 대한 보너스는 없다.

• 부스터들: 부스터는 방패와 락업에 대한 보상을 더한 값으로 최대 100%인 방패보상은 기본으로 적용하고 락업을 설정하므로써 약 600%(6배)에 가까운 채굴속도를 증가시킬 수 있다.

락업 설정

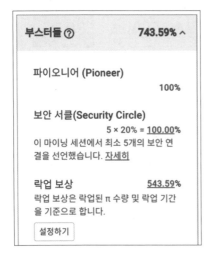
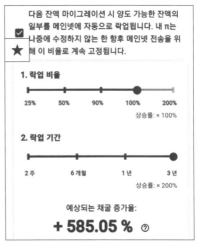

락업은 실제 파이를 사용할 수 있는 지갑으로 그동안 채굴한 파이를 옮길 때 자체적으로 유동 물량을 묶어놓아 받는 보너스이며, 일반적인 블록체인의 스테이킹 시스템으로 이해하면 쉽다. 우측 사진에서 ★ 부근 체크 박스를 해제하면 락업을 하지 않을 수 있다.

또한 락업을 처음 설정하면 설정한 값보다 아래로는 수정 불가하고 비율이나 기간을 늘리는 것은 가능하다. 예를들어 50% 1년을 설정했다고 하면 30% 1년으로는 수정이 불가하지만 90%,100%, 3년으로 증가시킬 수는 있다. 락업 보너스는 현재 가장 보너스를 많이 받을 수 있는 노드운용에 이어 두 번째로 많은 보너스를 받을 수 있는 방법이다. 이것은 초기에 유통물량을 줄여줌으로 파이의 가치를 높이기 위한 수단으로 작용하고, 충분한 가치가 형성되기 전까지 파이를 낭비하지 않을 잠금장치로서의 기능이다.

2023년 9월 기준으로 1차 락업 설정을 진행할 수 있고, 채굴된 파이를 실제 블록체인 위로 옮겨지는 작업을 통해 메인넷 지갑으로 옮겨진 파이만이 실제 코인이라고 부를 수 있다. 1차 마이그레이션완료 시점에서 2차 락업이 적용될 것으로 보여진다.

보상 공식

Rewards ⑦   10.25 ∧

파이오니어 (Pioneer)

     1.00

레퍼럴팀(Referral Team)

     22 × 0.25 = <u>5.50</u>

79명을 초대했으며 그 중 22명이 현재 채굴 중입니다. <u>자세히</u>

[알림 보내기]   [초대하기]

유틸리티 사용 보너스

     <u>0.60</u>

조정 중입니다. 이 값은 변경될 수 있습니다. 이 보너스를 높이려면 Pi 브라우저에서 Pi 앱을 찾아 사용하십시오. <u>Pi 브라우저 다운로드.</u>

노드(Node) 보너스

     <u>3.15</u>

조정 중입니다. 이 값은 변경될 수 있습니다. 이 보너스는 실행 중인 노드의 안정성과 접근성을 기반으로 계산됩니다. <u>노드 (node) 실행</u>

- 파이오니어: 그림에서 기본값 1로 변동되지 않는다.
- 레퍼럴팀: 내 초대코드로 가입한 사람의 수에 0.25가 곱해져 보너스를 받는다. 한 명의 레퍼럴이 있다면 기본값 1과 더해져 1.25가 되고 4명이 모이면 1이 되어 기본 채굴속도의 2배가 된다. 내가 추천한 사람만이 내 보너스 점수에 영향을 주며 1차 추천인의 하위에 있는 추천인은 아무런 영향을 미치지 않으므로 다단계는 성립되지 않는다.

- 유틸리티 사용보너스: 파이브라우저를 이용하는 시간, 콘텐츠 방문 횟수 등으로 매일 보너스가 발생하며 대략 0.1~1까지 보상이 발생된다. 이는 추천인 1~4명을 유지하는 효과와 동일하므로 매일 파이브라우저를 활용하는 것이 바람직하다.

- 노드 보너스: 현재 채굴속도를 가장 크게 올릴 수 있는 방법으로 지금까지 확인된 사실은 이것으로 24의 보너스 점수를 얻는 유저도 확인된 바 있다. PC를 블록체인 장부로 활용할 수 있도록 포트를 개방해주고 PC를 항상 ON상태로 유지하며 보너스를 받기 때문에 설정도 쉽지 않고 전기세 등과 같은 실제 투자가 필요한 부분이지만, 보상을 극대화 할 수 있는 좋은 방법이다. 물론, PC사양과 노드 유지기간에 비례하여 보너스에 효과를 준다.

- 결론적으로 채굴속도를 올리기 위해선 네트워크에 기여해야 하며 많은 노력과 투자가 필요하다.

- 예시를 통한 파이채굴속도 계산법 정리(최대/최소)

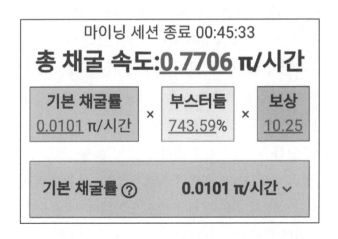

✓ 기본채굴률은 모두 동일(월초 감속) = 0.0101(소숫점 4자리 이하 생략)

✓ 부스터 최대(방패100%+락업 약 600%) = 7 부스터 최소(방패20%+락업 0%)
= 0.2

✓ 보상 기본 1

✓ 보상 레퍼럴 최대 무제한(계산을 위해 100명으로 설정, 25점), 최소 0

✓ 보상 유틸리티 사용점수 최대 약 1, 최소 0

✓ 보상 노드 보너스 최대 계산을 위해 10으로 설정, 최소 0

✓ 최대값으로 계산시에는 0.0101 X (1+6) X (1+25+1+10) =
2.6159π/시간(하루 62파이)

✓ 최소값으로 계산시에는 0.0101 X (0.2+0) X (1+0+0+0) =
0.00202π/시간(하루 0.048파이)

2) Brainstorm.pi

이곳은 말 그대로 아이디어를 짜내어 좋은 콘텐츠나 프로그램을 제안하는 곳이다. 파이 브라우저에 있는 브레인스톰(Brainstorm)에 업로드된 수 많은 사이트들은 향후 파이 네트워크와 파트너로 이어가기 위해서 등록된 업체들이다. 이들 중에 해커들이 스캠(Scam) 사이트를 등록하고 비밀구절을 요구한 경우가 종종 있었던 것으로 보인다. 비밀구절을 요구한 사이트의 결제 창 주소가 'pi://wallet.pi'가 아니었지만, 파이 브라우저에 등록된 거래할 수 있는 사이트로 생각하고 확인 절차 없이 비밀구절을 입력한 사례가 있다. 이후 파이코어팀에서도 파이코인 결제시 위의 결제창 주소가 아니라면 절대 사용자의 비밀구절을 입력해서는 안 된다는 경고 메시지를 게시했다.

3) blockchain.pi

① blockchain.pi: 분산원장 장부, 블록체인의 가장 큰 특징인 공개된 원장기록을 누구나 확인 가능한 페이지이다. 이곳에서는 지갑주소만 알면 해당 지갑에 대한 파이코인의 거래기록을 확인해 볼 수 있다.

② 메뉴버튼(가로삼선): 거래내역을 확인하기 위해서 우측 사진은 (폐쇄형)메인넷이 선택되었다. 테스트 파이 거래내역은 TESTNET에서 확인할 수 있다.

• 다시 메뉴버튼을 누르면 해당 창은 닫힌다.

• PAYMENTS(지불): 모든 거래기록을 확인할 수 있다,

• TRANSACTIONS(거래): 지불내역을 해시값으로 저장한 기록, 이

런 거래기록은 각 블록에 저장된다.

- BLOCKS(블록): 파이의 블록은 노드 PC들을 통해 5초에 1개씩 생성된다. 여기서는 이 블록이 생성되는 것을 확인할 수 있으며 해당 블록에서의 거래기록까지 확인할 수 있다.
- 주요 체인별 블록 생성시간 및 거래기록 저장 비교
  - 비트코인: 1블록 생성시간 10분, 블록당 4000개 거래기록 저장(초당 6.67개)
  - 이더리움: 1블록 생성시간 15초, 블록당 16개 거래기록 저장(초당 1.06개)
  - 파이코인: 1블록 생성시간 5초, 블록당 1000개 거래기록 저장(초당 200개)

③ (화면에서) 특정지갑 주소를 입력하고 검색할 수 있는 검색창이다. 마지막에 예시를 통해 알아보도록 한다.

④ (화면에서) MAINNET METRICS: 메인넷상에 (실제)파이의 전체 수량과 락업 되어있는 수량이 표시되어 있다.(2023.09.02기준 락업 물량 약 65.51%)

⑤ LATEST OPERATIONS: 가장 최근 거래내역들을 보여주는 창이다.

VIEW ALL을 누르면 시간 역순으로 모든 거래내역들을 확인할 수 있다.

♣ 지갑 검색 예시

지갑주소(코어팀의 마이그레이션 지갑주소)

GABT7EMPGNCQSZM22DIYC4FNKHUVJTXITUF6Y5HNIW
PU4GA7BHT4GC5G

GABT7EMPGNCQSZM22DIYC4FNKHUVJTXITUF6Y: 🔍

검색창에 검색하고 싶은 지갑주소를 입력하고 돋보기를 누르면 아래와 같이 해당 지갑의 정보가 표시된다.

아래 그림과 같이 기본적으로 해당 지갑의 Balances(전체 수량)가 표시되어 있고 Payments에서는 아래와 같이 지갑의 전송(거래) 내역을 모두 볼 수 있다.

그 다음 아래 그림에서는 코어팀의 마이그레이션 지갑(GABT)에서 GBGY로 시작하는 지갑에 마이그레이션시 주어지는 1파이가 전송된 내역이며, GBGY를 누르게되면 해당 지갑에 대한 정보도 확인할 수 있다.

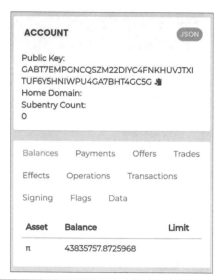

ACCOUNT (JSON)

Public Key:
GABT7EMPGNCQSZM22DIYC4FNKHUVJTXI
TUF6Y5HNIWPU4GA7BHT4GC5G
Home Domain:
Subentry Count:
0

Balances   Payments   Offers   Trades

Effects   Operations   Transactions

Signing   Flags   Data

Asset	Balance	Limit
π	43835757.8725968	

Account	Payment	Time
GABT	Created Account GBGY with balance 1	2 minutes ago

| GBW3 | Pay 30 π to GBQY | 20 seconds ago |

기본적으로 파이를 전송시 위와 같이 표시되며 앞의 GBW3 지갑에서 GBQY 지갑으로 30파이가 전송되었다는걸 뜻한다.

마지막으로 이러한 거래기록들은 거래기록 최하단에 위치한 Export data as CSV 버튼을 통해 최근 2만 건의 거래내역을 엑셀파일로 다운받을 수 있으며, 이것을 정리하면 고래들의 파이의 이동 경로라든지 최근 마이그레이션 현황 등의 정보를 확인할 수 있다.

4) Develop.pi

위 그림은 더 많은 정보에 대해 아래와 같이 설명한다.

여기서는 Pi 브라우저를 통해 액세스할 수 있는 분산형 웹 3.0 앱인 타사 Pi 앱을 만들 수 있다. 여기에서 앱의 URL을 선언하면 앱이 Pi API에 액세스하고 Pi 서버, Pi 메인넷 및 테스트넷 블록체인과 통신할 수 있다.

귀하의 Pi 앱은 Pi 브라우저를 통해 귀하의 URL에서 직접 액세스할 수 있다. 귀하는 원하는 모든 도메인에 귀하의 앱을 배치할 수 있으며 여전히 완전한 기능을 갖춘 Pi 앱을 보유할 수 있다.

현재 메인넷 SDK가 출시되었다. 개발자는 앱에 Pi 메인넷 또는 Pi 테스트넷 블록체인을 선택할 수 있다. 작동하는 테스트넷 앱 구축으로 시작한 다음 관련 메인넷 앱을 생성하는 것이 좋다. 선택한 블록체인은 API 및 SDK 호출이 발생하는 위치를 지시한다. 이를 통해 개발자는 메인넷 호환 앱을 구축하고 메인넷이 출시되기 전에 사용자와 테스트할 수 있다.

제공하는 URL의 도메인을 소유하고 있어야 한다. 소유권을 확인하라는 메시지가 표시된다. 앞으로 Pi Core 팀은 별도의 프로세스를 통해 사용자의 Pi 도메인과 함께 Pi 브라우저 첫 페이지 디렉토리에 나열될 인기 있고 유용하며 검증된 앱을 선택할 수 있다. 앱의 진행 상황에 관계없이 가능한 빨리 여기에 앱을 등록하는 것이 좋다. 그러면 곧 출시될 개발자 전용 채팅방과 리소스에 귀하를 초대할 수 있다. 승인을 받고 구축을 시작하려면 아래 그림에서 새 앱을 등록한다.

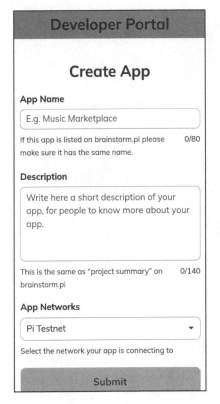

5) Fireside Forum

파이 브라우저는 기존의 웹2 서비스에서 제공하지 못했던 다양한 혁신적인 서비스를 제공한다. 예를 들어, 모바일 기기에서 실행되는 채굴, 지갑 및 결제서비스, 파이어사이드 포럼, KYC 인증, 채팅서비스, 개발자 서비스와 향후 지속적으로 개발되고 있는 게임, 쇼핑몰, 소셜 등 관련 다양한 dApp들이 파이 브라우저에서 작동하게 될 것이다. 이러한 혁신적인 서비스는 웹3 시대의 새로운 가능성을 보여주고 있다.

Fireside Forum 이미지

파이네트워크의 파이어사이드포럼(Fireside Forum)은 블록체인 기술을 기반으로 한 웹3 소셜 네트워크로 기존의 웹2 소셜 네트워크가 가지고 있는 문제점을 보완하여 건강한 온라인 소셜 상호작용 등을 갖춘 새로운 품질의 인터넷 경험을 제공한다.

가짜계정으로 골머리를 앓고 있는 인류에게 신원 확인을 마친 진정성 있는 의견을 내면서 블록체인 기반 파이코인 사용을 통해 의사소통을 할 수 있는 최초의 앱이 될 것이다.

6) Explore the Testnet Ecosystem

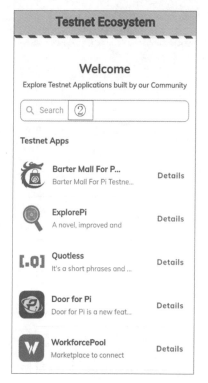

이 코너는 개발단계의 어플이므로 신중하게 접속해야 한다.

① Explore the Testnet Ecosystem(테스트넷 생태계 살펴보기) 해당 메뉴에서는 현재 테스트넷(일부 앱은 폐쇄형 메인넷)에서 등록된 앱들을 확인할 수 있으며 링크를 통해 해당앱에 연결하거나 사용해 볼 수 있다.

② Search(검색)앱들을 직접 검색하여 원하는 앱을 선택할 수 있다.

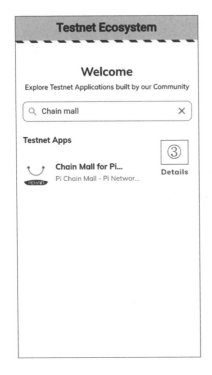

③ Details(세부사항)을 원하는 앱의 세부내용을 확인하거나 접속할 수 있는 버튼이다.

④ Unverified App(인증되지 않은 앱) 현재는 오픈메인넷이 정식 출시되지 않은 상태이기 때문에 모든 앱은 '인증되지 않은 앱'으로 표시되며 주의 사항에 대해 서술되어 있다. 정식출시할 때는 해당 앱들은 파이코어 팀에 의해 검열을 받게 되고 통과된 앱은 파이브라우저 메인화면에 등록되거나 플레이스토어, 앱스토어와 같이 운영될 수 있다. 'OPEN APP'을 눌러 해당 앱의 세부사항을 살펴보거나 접속할 수 있다.

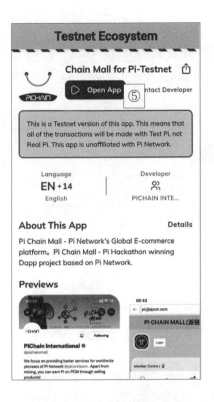

⑤ Open App을 눌러 해당 앱에 접속하거나 페이지에서 해당 앱에 대한 정보를 확인할 수 있다. Contact Developer: 해당 앱의 이름, 지원언어, 버전, 웹사이트 주소, 약관 등을 확인할 수 있다. 이하 앱의 상세 설명들이나 스크린 샷 등의 정보가 표시되어 있다.

예시로 2021년 해커톤 대회 수상작인 Pitogo(파이투고) 앱을 둘러보자. [알림문구] 내용은 다음과 같다.

이것은 이 앱의 테스트넷 버전이다. 이는 모든 거래가 실제 파이가 아닌 테스트 파이로 이루어짐을 의미한다. 이 앱은 파이네트워크(메인넷 파이)와 관련이 없다.

알림문구에서도 보이듯이 테스트넷 위에서 작동되는 앱으로 실제 파이와는 관련이 없는 앱이며, 테스트 버전이기 때문에 접속이나 작동이 제대로 이뤄지지 않을 때도 있으니 앱 미리보기 정도로 생각하면 된다.

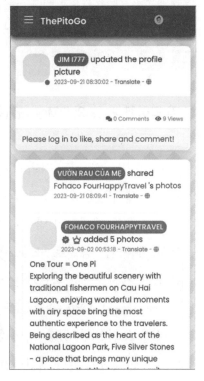

앱 접속은 내 파이 계정과 연결하여 접속 (Login with Pi Network) 또는 비승인 접속(Proceed without Auth)으로 할 수 있는데, 처음 보는 앱이라면 비승인 접속을 추천한다. 추후 우후죽순 앱들이 생길텐데 계정연결(지갑연결)은 지갑이 해킹당할 가능성이 존재하기 때문이다. 현재로는 별로 신뢰할만한 앱이 없으니 주의하고 활용을 자제하는 것이 좋다고 판단된다.

테스트 생태계에서의 프로젝트 접속은 앱 개발자들이 메인넷에서의 버그나 오류 등을 확인하고 테스트하는 용도와 사용자들이 미리 사용해보고 개발자에게 피드백을 줄 수 있는 용도로 사용되기 때문에 새로운 앱이 등장할 때 해당 프로젝트의 가능성이나 유용성을 판단할 수 있는 장이 되기도 한다.

7) 파이챗(Pi chat)의 DM(direct message)

그룹 채팅만 가능하던 파이의 채팅기능에 지난 2023년 10월 17일 개인간 메세지인 DM을 주고 받을 수 있는 기능이 출시되었다. DM이란 다이렉트 메세지의 약어로, 다양한 온라인 커뮤니케이션 플랫폼에서 사용되는 용어로 SNS플랫폼에서의 1:1메세지를 뜻한다. 이것은 공개 게시물이나 피드와는 달리 특정사용자와 비밀스러운 대화를 할 때 사용되며 일반적으로 텍스트, 사진, 동영상 등 다양한 미디어 형식을 포함할 수 있다. 파이의 DM은 단순히 개인간의 메세지를 전달하는 플랫폼이 아닌 혁신적인 방법으로 스팸 메세지를 필터링할 수 있는 솔루션이 제시되었는데, 이를 통해 현 사회의 이슈인 스팸 메세지를 어떻게 차단하는지 알아보자.

현시대의 SNS(Social Network Sevice)의 스팸메세지는 현대 사회의 고질적 이슈로 지금까지 웹2에서는 해결할 수 없었던 골칫거리이다. DM을 통한 개인정보 탈취시도나 사기 목적의 접근, 원치않는 광고

등으로 인한 사용자의 스트레스는 물론 시간이나 에너지를 필요이상으로 소모하게 만들며, 이는 정보에 대한 판단이나 일상 생활에까지 영향을 미칠만큼 반드시 해결해야만 할 숙제였다. 파이DM이 출시되기 전까지는 말이다.

파이DM은 사용자가 다른 사용자에게 DM 요청시 파이를 스테이킹하는 방법으로 무분별하게 뿌려지는 스팸성 DM의 근본적인 문제를 해결하였다. 다음 그림으로 파이의 DM기능이 어떻게 작동하는지 보며 설명하도록 하겠다.

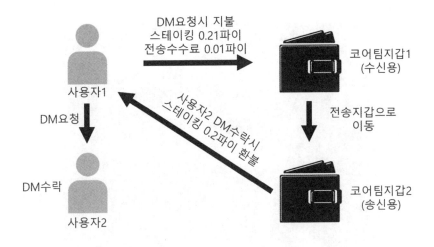

사용자1은 사용자2에게 DM요청시 스테이킹 비용 0.21파이를 결제하게 된다. 이때 파이전송 수수료인 0.01파이 역시 차감되어 총 0.22파이를 지불하게 되며, 스테이킹된 0.21파이는 사용자2가 DM 요청을 수락했을 경우 스테이킹된 0.2파이가 다시 사용자1에게 자동 환불된다. 이후로는 사용자1과 사용자2는 생성된 1:1 채팅방에서 파이의 소모없이 자유롭게 대화가 가능하다. 환불시 0.01파이는 DM개설 비용으로 코어팀 지갑2에 남게 된다. 만약 사용자1이 DM요청을 하였으나, 사용자2가 거절할 경우에는 0.21파이 전량 스테이킹 지갑에 묶여 사용할 수 없게 된다.

또 한 가지 중요한 시스템이 있는데, 사용자2가 DM요청을 받을 때마다 사용자1이 지불해야 할 스테이킹 비용은 1건당 0.1 파이씩 증가한다. 예를들어 사용자2가 이미 10건의 DM요청을 받은 상태에서 사용자1이 DM요청을 하였을 경우 필요한 스테이킹 수량은 1.11파이가 된다.(단, 요청건이 계속 증가하면 필요 파이는 0.1파이가 아닌 2배로 올라가게 된다.)

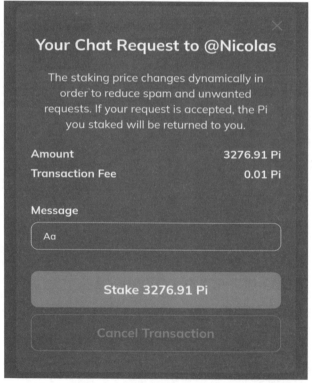

(2023.10.22 기준 파이코인의 창시자 Nicolas에게 DM요청 시 필요한 파이수량 3276.91파이)

기본적으로 상대방과 사전 협의가 이뤄지지 않거나 상대방이 필요로 하는 중요한 메세지가 아닌 DM 요청은 거절될 확률이 크며, 거절 시 요청자의 파이는 다시 돌려받을 수 없다. 무작위로 보내지는 스팸 메세지는 거절될 가능성이 매우 높기 때문에 스팸 메세지를 뿌리는 업자들의 입장에서는 이러한 시스템으로 더 이상 불법 행위를 할 수 없게 된다.

DM기능에 앞서 출시한 Fire Side 플랫폼 역시 SNS의 치명적 단점인 무분별한 가짜뉴스의 도배를 방지하기 위해 Fire 토큰을 게시물 작성시 필요하게 만들어 해당 게시물에 독자들의 Fire 기부 등을 통해 작성자의 수익구조로 순환될 수 있게 만들었다. 앞으로는 Fire Side와 DM이 연계되는 모습을 볼 수 있을지도 모르겠다.

웹3를 지향하고 있는 파이네트워크가 스팸과 가짜뉴스의 문제점을 해결할 수 있는 이러한 새로운 방법은 현재 웹2 SNS 시장을 장악하고 있는 인스타그램, X(구.트위터), 틱톡, 레딧 등의 플랫폼에서도 분명 주목하고 있을 것이다. 소셜 플랫폼을 이용할 때 DM은 꼭 필요한 기능이지만 생활에 지장을 줄 만큼의 스팸으로 고통받고 있는 사용자들을 구원해줄 방법을 제시한 파이코어 팀은 현대사회의 문제 해결사가 된 셈이다. 그리고 우리 파이오니어들은 개척자라는 그 이름과 같이 남들보다 한발 앞서 웹3의 이런 기능을 미리 경험해볼 수 있을 것이다.

6장 지갑관리와 해킹방지

이 효 권

1. 파이코인 지갑관리

1) 파이 네트워크 기술

파이 네트워크는 스텔라합의(SCP)방식 알고리즘을 사용하여 블록을 생성한다. 이 방식은 참여자들 간의 신뢰를 기반으로 하며, 해킹이나 변조(Falsification)의 위험을 줄인다. 이는 비트코인의 작업증명방식과 이더리움 2.0의 지분증명방식의 단점을 보완하여 에너지 소비와 환경 문제를 해결하고 중앙집중화 문제를 해결한다.

참여자들 간의 신뢰를 기반으로 하는 스텔라 합의방식과 KYC 검증 시스템은 신뢰성과 무결성을 유지하며 누구나 쉽게 참여할 수 있도록 한다. 즉 모바일 앱을 통해 쉽게 무료로 채굴할 수 있도록 하여 공정성 문제를 해결하였으며, 블록체인 네트워크를 기반으로 운영되기 때문에 사용자 데이터를 중앙 서버에 저장하지 않는다. 특히, 비트코인 및 이더리움보다 10배가 더 많은 15만여 대의 노드가 운영되고 있는데, 이것으로 파이 네트워크의 탈중앙화 정도 즉 우수성을 가늠

할 수 있다.

파이 KYC는 엄격한 신원 확인 절차를 통해 국제적인 규제 제도인 자금세탁방지(AML)와 각국의 정부 제재 목록 심사를 지원하는 암호화폐 최초의 솔루션이다.[44]

이러한 기술적인 특징은 파이 네트워크를 웹3 시대에 중요한 가치를 갖는 탈중앙화와 접근성을 제공하는 플랫폼으로 만들어지고 있다. 이로써 파이 네트워크는 암호화폐의 발전과 블록체인 기술의 확산에 기여하고 있으며, 디지털 경제와 금융시스템을 혁신하고 있다.

2) 파이 채굴 앱

① 파이 채굴 앱 회원 가입 및 로그인

- 파이 채굴 앱 회원가입
- 페이스북 가입자는 페이스북으로 회원 가입
- 안드로이드 사용자는 모바일번호로 회원 가입
- 애플 iOS 사용자는 모바일번호로 회원 가입

② 파이 채굴 앱 인증(Authenticatio)

- 모바일번호 인증
- 모바일번호 인증과 페이스북 인증 중 한 개는 해야 한다.
- 모바일번호 인증은 파이 채굴 앱 비밀번호 변경시 필요하다.

- 페이스북 인증

모바일번호 인증과 페이스북 인증 중 한 개는 반드시 해야 한다.

- 메일 인증

• 파이 채굴 앱 비밀번호 변경시 필요하다.

③ 파이 KYC

파이 KYC는 고객의 신원 확인 및 식별하는 과정으로 모바일 기기에서 채굴한 파이코인을 메인넷 블록체인 파이 지갑으로 전송하기 위한 전제 조건이다.

- 파이 KYC 진행 절차

• 파이 KYC 신청서 대기 중인 사용자는 메인넷 체크리스트 5번 단계로 여러 가지 이유로 대기 상태에 있다. 신청서 팝업창이 뜨고, 이를 신청하면 녹색 문구로 바뀐다.

• 파이 KYC 제출 중인 사용자는 메인넷 체크리스트 6번 단계로 신원 확인, 파이 계정과 일치하는 이름, 자금세탁방지 및 테러방지 제재 목록에 대한 심사, 파이 계정에 스크립팅(Scripting) 또는 정책위반 사실 여부에 따라 결정된다.[45] 통과가 이루어지면 녹색 문구로 바뀐다.

• 임시 파이 KYC를 통과한 사용자는 메인넷 체크리스트 7번 단계로 파이코인 수신을 위한 승인 서명 단계에 있으나 녹색 문구로 바뀌지 않는다.

- 파이 KYC를 통과한 사용자는 메인넷 체크리스트 7번 단계로 2주 후에 파이코인 수신을 위한 승인 서명이 이루어진 사용자는 녹색 문구로 바뀐다.
- 파이 KYC 마이그레이션 시작 전 사용자는 메인넷 체크리스트 8단계로 마이그레이션 시작 2주 후에 녹색 문구로 바뀐다.
- 파이 KYC 마이그레이션 시작 후 2주가 지나면 파이 브라우저의 파이 지갑에 파이코인이 전송된다.
- 파이 브라우저의 파이 지갑에 나타난 2주 후에 마이그레이션 버튼을 누르면 파이 지갑이 최종적으로 활성화된다.

3) 파이 브라우저

① 파이 브라우저 개념

파이 브라우저(Pi Browser)는 블록체인 기반의 웹3 브라우저이다. 파이 네트워크의 다른 모바일 앱으로 향후 더 많은 유틸리티를 통해 디앱 경험을 제공하게 될 것이다. 또한 블록체인 기반이기 때문에 보안에 유리하고, 사용자는 해킹으로부터 개인정보를 안전하게 보호받을 수 있다.

② 파이 브라우저 특징

파이 브라우저는 블록체인 기반으로 구현되어 있어 해킹으로부터 개인정보를 안전하게 보호할 수 있다. 파이 브라우저는 중앙화 된 서버를 사용하지 않고, 탈중앙화 된 블록체인 네트워크를 기반으로 운영함으로써 사용자의 데이터는 중앙화 서버에 저장되지 않고, 블록체인 네트워크에 분산되어 저장된다. 이는 사용자의 데이터를 보호하고, 중앙화된 기업의 영향력으로부터 사용자를 보호하는 데 도움이 된다.

파이 네트워크는 본격적인 메인넷이 출시되기 전임에도 불구하고 사용자 수 약 1억 명과 활성 사용자 수 약 5,700만 명 이상의 경쟁력을 가지고 있다. 또한 모바일 기기에 의한 채굴을 통해 기존의 웹2 환경에서는 불가능했던 새로운 가능성을 제시하고 있다. 이는 웹3 시대의 새로운 표준이 될 수 있는 잠재력을 보여준다.

③ 파이 브라우저 비전 및 전망

파이 브라우저는 웹3 시대의 핵심 플랫폼이 되는 것으로 탈중앙화된 웹 환경을 만들어 가면서 새로운 가능성을 보여주고 있다. 파이 브라우저는 아직 개발 초기 단계에 있지만, 블록체인 업계의 미래를 이끌어갈 잠재력을 가지고 있다. 파이 브라우저가 웹3시대를 열어갈 수 있을지 귀추가 주목된다.[46]

4) 파이 지갑

① 파이 지갑 기능

파이 지갑은 파이코인을 안전하게 보관하기 위한 지갑이다. 파이 지갑은 파이 브라우저 앱으로 열 수 있으며, 파이코인을 채굴하는 사용자는 쉽게 생성할 수 있다. 그러나 파이 지갑에서 파이코인을 전송받거나 전송하기 위해서는 파이 KYC를 반드시 통과해야 이용할 수 있다.

- 파이 지갑의 주요 기능
  • 파이코인 주소 생성: 파이코인을 송금하거나 수신하기위한 주소를 생성한다.
  • 파이코인 송금: 파이코인을 다른 주소로 송금한다.
  • 파이코인 수신: 다른 주소에서 파이코인을 받는다.
  • 파이코인 잔액 확인: 현재 보유하고 있는 파이코인의 잔액을 확인한다.
  • 파이코인 채굴보상 확인: 채굴한 파이코인의 이동이 완료되면 파이 지갑에서 보상 내용을 볼수 있다.

② 파이 지갑 생성

- 파이 지갑을 생성하려면 다음과 같은 단계를 따른다.
• 플레이/앱 스토어에서 파이 브라우저 앱을 다운로드 한다.
• 파이 브라우저 앱을 누른다.
• 파이 지갑 버튼을 누른다.
• 파이 지갑 생성 문구 버튼을 누른다.
• 24개의 단어로 구성된 비밀구절(Passphrase)을 확인한다.
• 비밀구절을 노트에 적어 놓고, 지갑을 완전히 생성한다.
• 비밀구절을 안전한 장소에 다수 및 분산 보관한다.

- 휴대폰이나 PC에서 검색이 가능한 SNS나 메모장, 폴더 등에는 보관하면 안 된다. 해킹의 염려가 있기 때문이다.

③ 파이 지갑 사용

- 파이 지갑 사용 요령
- 파이 채굴 앱에서 좌측 상단 메뉴인 3선을 누르고, 파이 브라우저 버튼을 누르면 파이 브라우저에 자동 로그인된다.
- 열린 파이 브라우저 모바일 앱에서 파이 지갑 버튼을 누르면 'pi://wallet.pi'창이 열린다.
- pi://wallet.pi'창에 24개의 비밀구절을 입력한다. 또는 모바일 기기에 등록된 지문인식(Fingerprint Recognition)으로 로그인한다.
- 파이 지갑 상단 파이 메인넷과 파이 테스트넷을 선택하여 사용하되, 테스트넷으로 충분히 익힌 후 메인넷을 사용한다.

④ 파이 지갑 보안

파이 지갑은 24개의 단어로 구성된 비밀구절을 사용하여 보호된다. 비밀구절을 분실하거나 잊어버리면 파이코인을 복구(Restoration)할 수 없으므로, 반드시 안전한 장소에 보관해야 한다.

- 파이 지갑을 안전하게 사용하는 방법
- 파이 지갑을 사용하는 모바일 기기의 보안을 강화해야 한다. 최신 보안 패치를 적용하고, 백신 프로그램을 설치하는 것이 좋다.
- 파이 비밀구절을 모바일 기기 및 컴퓨터에 절대 보관해서는 안

된다.

- 파이 지갑의 비밀구절을 보관할 때는 절대 타인에게 공개해서는 안 된다. 안전한 장소에 보관하고, 다수의 장소에 분산하여 보관하는 것이 좋다.

- 모바일 기기에 등록된 사용자 지문인식 설정을 파이 지갑에 연결하여 사용한다.

- 파이 지갑에 모바일 지문인식을 사용하더라도 비밀구절 관리 소홀로 해킹을 당했다면 지문인식과 관계없이 비밀구절을 사용하여 파이코인을 전송할 수 있기 때문에 사용자의 모든 파이코인을 잃을 수 있다.

- 지문인식은 파이 지갑 사용시 매번 비밀구절을 입력해야 하는 번거로움을 방지하는 기능으로써 비밀구절을 유선, 무선(WiFi)에서 사용했다면 언제든지 탈취당할 수 있다.

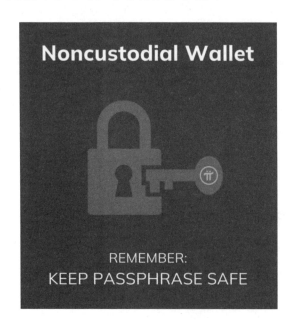

5) 파이코인 비밀구절

① 파이코인 비밀구절 기능

코인 지갑을 최초에 생성할 때 자동으로 생성되는 비밀구절은 일반적으로 시드단어, 복구구절, 비밀문구, 니모닉(Mnemonic) 등으로 불린다.[47] 이 비밀구절은 지갑 소프트웨어나 하드웨어에서 난수 생성기를 사용하여 무작위로 생성된다. 비밀구절은 새로운 지갑 주소와 개인키(Private Key)를 파생하기 위해 사용되기도 하지만, 파이 지갑에서는 별도의 개인키를 생성하지 않는다.

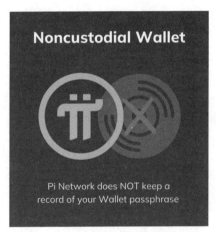

파이코인 비밀구절은 파이코인 지갑의 비밀키로 활용되는 문구로, 24개의 단어로 구성되어 있다. 파이코인 사용자들은 개인정보와 암호화폐 자산을 최대한 안전하게 관리해야 한다. 안전하게 비밀구절을 관리함으로써 분실과 해킹 등의 위험으로부터 보호받을 수 있다.

• 파이 지갑 생성시 파이코인을 관리할 수 있는 비밀구절은 파이

지갑을 생성시에 자동으로 생성된다.

- 파이 지갑 접속시 파이코인 잔액확인시, 파이코인 수신 및 수량 확인시, 타 주소로 파이코인을 전송시, 파이코인 채굴보상 확인시 등 파이 지갑에 접속이 필요할 때는 비밀구절이 필요하다.
- 파이코인 전송시 내가 가지고 있던 파이코인을 타 지갑으로 보내고자 할 때 비밀구절이 필요하다.
- 파이 지갑 복구시 모바일 기기를 분실했을 때, 탈취당했을 때, 새로운 기기로 교체했을 때 등 기타 여러 가지 이유로 바뀐 모바일 기기에 파이 지갑을 새로 설치해야 한다. 새로 설치할 때 사용자는 파이 지갑을 예전에 사용하던 것으로 복구를 해야 한다. 이럴 때 복구를 위해서 사용되는 것이 파이 지갑의 비밀구절이다.

② 파이코인 비밀구절 관리

- 컴퓨터, 모바일 기기 메모장 및 사진 주의

컴퓨터, 노트북, 모바일 기기 내 메모장 또는 사진으로 비밀구절을 저장하는 것은 위험하다. 기기 자체가 해킹될 수 있다. 모바일 기기의 사진으로 저장되는 경우 사용자가 인지하지 못한 채 클라우드 서비스(Cloud Service)로 자동 전송된 후 정보가 유출될 수 있다.[48]

- 클라우드 서비스 사용주의

파이코인의 비밀구절은 절대로 클라우드 서비스에 업로드해서는 안 된다. 사진 형태로 저장되거나 클라우드 계정 내 문서 혹은 노트 앱 등을 통해 관리되는 경우 해킹 및 정보 유출의 위험이 크기 때문이다.

③ 파이 지갑 지문인식

– 모바일 기기 지문인식 서비스
- 모바일 기기 사용자는 별도로 비밀번호, 비밀구절, 개인키 등 중요 정보를 입력하지 않고 자신의 손가락 지문으로 간단하게 인증할 수 있는 장점이 있다.
- 사용자는 모바일 기기의 설정 부분에서 본인의 지문 등록을 진행한다.
- 이 과정에서 사용자는 손가락을 모바일 센서(Sense)에 여러 번 지문을 대면서 지문 데이터를 지문인식 서비스 업체에 제공한다.
- 입력된 지문은 저장된 지문과 비교가 이루어진다. 그리고 이 시스템은 입력된 지문과 일치 여부를 판단하여 인증 결과의 가부를 알려준다.

– 모바일 기기 지문인식 서비스 장점
- 개인의 고유한 생체지질 정보인 지문을 이용하기 때문에 타인이 복제하기가 어렵다. 따라서 높은 보안성을 보장한다.
- 모바일 기기에서 제공되는 하드웨어 및 알고리즘 최적화로 인해 빠른 인증 속도를 제공한다.

– 모바일 기기 지문인식 서비스의 주의할 점
- 가짜 지문 제작 및 등록, 3D 프린팅 기술 등을 활용하여 가상

적인 사본으로 해킹되지 않도록 안전한 환경에서만 사용해야한다.

- 모바일 기기의 종류마다 다르긴 하지만 횟수가 제한되어 있다. 따라서 여러 번 실패 하는 경우 다시 비밀구절을 입력해야 하므로 최적의 조건에서 시간적 여유를 가지고 지문을 사용하는 게 좋다.

- 지문인식 서비스는 절대적인 보안성을 보장하지 않는다. 따라서 지문인식 서비스를 사용하더라도 비밀구절을 안전하게 보관하는 것이 매우 중요하다.

- 비밀구절을 탈취 당했거나 해킹을 당했을 경우 즉시 파이 지갑을 새로 생성하고, 기존 파이 지갑에 있던 파이코인을 새로 생성된 파이 주소로 전송해야 한다.

2. 비밀구절 분실 및 해킹방지 체크 포인트

암호화폐 지갑에 사용되는 비밀구절은 사용자가 사용하는 암호화폐 지갑을 복구할 때 사용되는 암호이며, 개인키는 코인을 송금하거나 수신 잔액을 확인할 때 사용되는 암호이다. 특히 비밀구절을 분실하게 되면 모바일 기기를 분실하거나 컴퓨터의 하드디스크 드라이브(HDD)가 고장이 발생할 경우 코인을 복구할 수 없게 된다.

또한 개인키를 분실하거나 해킹을 당할 경우 지갑에 있던 코인을 찾을 수 없거나 탈취당할 수 있게 된다. 이러한 사례들은 암호화폐 사용자들에게 경각심을 일깨워 준다. 암호화폐 자산을 안전하게 관리하기 위해서는 비밀구절 및 개인키 등 중요 정보를 신중하게 관리해야 한다. 실수나 분실, 해킹 등으로 인해 큰 손실을 보지 않도록 부단히 노력해야 한다.

그리고 멀티팩토리(Multi-Factory) 인증은 비밀번호와 함께 생체 인식이나 OTP 등 추가 인증을 요구하는 방식이다.[49] 멀티팩토리 인증을 사용하면 비밀구절이 유출되더라도 해커가 파이코인을 탈취하기가 어려워진다.

현재 파이 지갑은 생체 지문인식 방법을 도입하여 사용하고 있지만, 이중 인증 방법이 아니기 때문에 사용시 편의성은 있으나 비밀구절 해킹시 파이코인을 탈취당할 수도 있다.

1) 파이코인 해킹 방지법

① 피싱 사이트에 비밀구절을 절대 입력하지 마라.
② 파이코인 결제 시 반드시 도메인 주소를 확인하라.
   도메인 주소: pi://wallet.pi
③ 악성 앱 다운로드에 주의하라.
④ 사용자의 모바일 기기에서 복사하여 클립보드(Clipboard)에 저장된 비밀구절 유출에 주의하라.
⑤ 사진 및 캡처(Screenshot)한 이미지가 사용자가 의식하지 못한 채 클라우드 서비스로 전송되는 비밀구절 유출을 조심하라.
⑥ 파이채굴앱에서 파이 지갑으로 전송받은 파이코인

- 지금 당장 파이 지갑을 새로 만들어라.
- 새로 만든 파이 지갑 주소로 파이코인을 전송하라.
- 메인넷 체크리스트에서 3번 및 7번 항목을 수정하라.
- 비밀구절은 용지에 작성해서 다수의 장소에 보관하라.
- 모바일 기기나 컴퓨터에 비밀구절을 절대 저장하지 마라.

⑦ 파이채굴앱에서 파이 지갑에 전송받지 못한 파이코인

- 지금 당장 파이 지갑을 새로 만들어라.
- 메인넷 체크리스트에서 3번 및 7번 항목을 수정하라.
- 비밀구절은 용지에 적어서 다수의 장소에 보관하라.
- 모바일 기기나 컴퓨터에 비밀구절을 저장하지 마라.

2) 파이 지갑 비밀구절 안전하게 관리하는 방법

① 파이 지갑을 생성할 때 비밀구절을 모바일 기기로 사진을 찍지 않는다.

② 파이 지갑을 생성할 때 비밀구절을 모바일 기기의 메모장, 카톡 등에 절대 저장하지 않는다.

③ 파이 지갑을 생성할 때 비밀구절을 컴퓨터, 노트북 등 각종 데스크 탑에 절대 저장하지 않는다.

④ 파이 지갑을 생성할 때 비밀구절을 A4용지와 같은 메모지에 직접 적어서 보관한다.

⑤ 파이 지갑을 생성할 때 비밀구절을 A4용지와 같은 메모지에 직접 적어서 보관 시 본인의 금고, 본인만이 알고 있는 중요서류와 함께 다수의 장소에 보관한다.

⑥ 파이 지갑을 생성할 때 비밀구절을 A4용지와 같은 메모지에 직접 분산하여 작성하고 보관한다.

⑦ 파이 지갑을 생성할 때부터 비밀구절은 절대 타인에게 카톡, 각종 SNS 등에서 전송하지 않는다.

⑧ 파이 지갑을 생성할 때 비밀구절을 사용 편의를 위하여 모바일 기기나 컴퓨터에 저장하고자 할 때는 비밀구절의 일부 단어를 변경하거나 삭제, 추가하여야 하며, 이를 반드시 기억해야 하므로 A4용지와 같은 메모지에 반드시 적어서 보관해야 한다.

⑨ 파이 지갑의 비밀구절을 사용해야 할 때는 무선(WiFi) 상태에서 사용하지 않는다. 특히 공공 와이파이는 해킹에 매우 취약하다.

⑩ 모바일 기기에 본인 지문 등록을 설정하고, 파이 지갑에 연결해야 한다. 단지 이것은 파이 지갑을 열 때 사용 편의를 위한 장치로 비밀구절 보안과는 전혀 관계가 없다는 것을 명심해야 한다.

7장 노드 설치와 운영

권용욱

우리가 파이코인을 최대 효과로 채굴하는 방법은 여러 가지가 있지만, 그중에 노드(node)가 제일 중요하다. 블록체인에 있어 노드는 엄청 중요한 자리에 있기 때문이다. 그래서 니콜라스 박사는 노드를 자발적으로 운영하는 시스템으로 구축을 해왔고, 파이오니어 개개인이 노드 기능을 수행할 때 채굴속도를 올려주는 보상으로 엄청난 파이코인을 채굴할 수 있도록 시스템을 만든 것이다. 노드 보너스와 유틸리티 보너스에 대해 알아보자.

1. 노드의 개념

블록체인에서 노드는 네트워크에 참여하는 컴퓨터나 서버를 의미한다. 쉽게 말해 블록체인은 네트워크의 일원으로 거래를 처리하고 블록체인을 유지할 수 있게 도와주는 전산망이다. 그래서 거래가 발생할 때마다 노드는 이를 확인하고 검증한다. 또한 노드는 새로운 블록을 생성하는 과정에 참여할 수 있고 이 개개인의 서버를 운영하는 참여자를 노드라고 한다.

노드는 블록체인에 있어 해킹을 방지하며 보안성을 유지하는데 꼭 필요로 하는 중요한 요소이다. 니콜라스 박사는 파이를 채굴하는 파이오니어들에게 노드를 운영하는 조건으로 더 많은 양의 파이 코인을 채굴할 수 있도록 기회를 주었다. 파이코인은 휴대폰만 있으면 채굴이 가능한 코인이지만, 추가적으로 노드를 운영하면 채굴률도 많이 올려준다.

그럼 니콜라스는 왜 이렇게 채굴률을 상승시켜주면서도 파이오니어들에게 노드를 돌리게끔 진행을 하는 것일까? 여러가지 이유가 있겠지만 니콜라스 박사는 파이코인을 Web3를 이용하여 비트코인이 하지 못했던 일을 파이코인은 이루어 내고 싶어했다. 그렇다고 해서 Web2 시대가 끝이 난건 아니다. Web3를 운영하기 위해서는 많은 파이오니어들이 노드를 운영하고 그 개체도 많아야 된다.

2. 노드 운영과 보상 공식

1) 노드 보상 공식

노드는 Pi 탈중앙화의 핵심이다. Pi는 중앙 집중식 기관 노드에 의존하는 대신 인터넷에 연결된 컴퓨터가 있는 모든 파이오니어에게 노드를 개방했다. 모바일 앱의 개별 파이오니어 보안 서클에서 집계된 글로벌 신뢰 그래프의 도움을 받아 노드는 합의 알고리즘을 실행하여 트랜잭션을 검증하고 블록을 처리한다. 노드는 Pi 블록체인의 탈중앙화, 보안 및 수명에 매우 중요하기 때문에 노드 운영 파이오니어는 추가 채굴 보상을 받게 된다. 그러면 노드를 어떻게 운영하였을 때 보너스를 많이 주는지 알아보자. 노드 보상 공식은 아래와 같다.

$N_{(I)}$ = node_factor • tuning_factor • I, 여기서

- Node_factor = Percent_uptime_last_1_days • (Uptime_factor + Port_open_factor + CPU_factor)
- 여기서 Percent_uptime_last_ * _days/년은 개별 노드가 활성화되고 네트워크에서 액세스할 수 있었던 마지막 * 기간의 백분율이다.
- percent_ports_open_last_ * _days/년은 개별 노드의 포트가 네트워크 연결을 위해 열려 있던 마지막 * 기간의 백분율이다.
- avg_CPU_count_last_ * _days/년은 개별 노드가 지난 * 기간 동안 네트워크에 제공한 평균 CPU이다.

- tuning_factor는 node_factor 0에서 10 사이의 숫자로 정규화하는 통계적 요소이다. (백서인용)

이 부분을 더 쉽게 말하자면 노드는 노드 프로그램을 액서스한 가동률, port open 가동률, 지난 기간 동안 돌린 내 컴퓨터의 CPU의 코어 갯수 평균값, 그리고 튜닝 팩터 등의 4가지 평균값을 가지고 노드 보너스를 계산하여 지급 받는다.

2) 노드 보상의 개인차

위의 노드 보상 공식을 보면서 각각의 팩터(factor)를 체크해 보면 점수가 나온다. 노드 보상 공식을 보면 니콜라스 박사는 노드를 운영하는 파이오니어들에게 얼마만큼의 보상을 주는지 알 수 있다. 이 공식을 풀이하자면,

$N(I) = node\_factor \cdot tuning\_factor$

여기서

$node\_factor = 가동률 + 포트오픈 + CPU 평균 값$이고,

$tuning\_factor = node\_factor$ 이다.

(0에서 10 사이의 숫자로 정규화하는 통계적 요소)

추가적으로 우리가 확인한 1day 팩터 값이 있다. 1day 팩터 값이 0%가 나오면 노드 보너스는 0점이 나오고, 100이 나오면 최고점을 갱신한다는 의미이다. 초기 노드 운영자들이 0점이 자주 나오는 이유는 중앙서버에서 노드를 운영하는 기간이 짧아 서버에서 신규 노드

를 잘 인식하지 못하는 것으로 보여져 1day 팩터 값이 자주 0%가 나온다고 생각된다.

반대로 오랜기간 동안 노드를 운영했던 파이오니어는 저점보너스가 나오더라도 0점이 잘 나오지 않는 것은 1day 팩터 값이 0% 가 아니고 상대성이라 개개인마다 다르겠지만 보통 80%, 적어도 50% 정도로 표기가 되기 때문에 0점이 잘 나오지 않는 것으로 확인되었다.

3) 노드의 최고 점수 조건

기간이 정해져 있는 90일, 360일, 2년, 10년의 구간을 우리는 꼭 기억해야 한다. 노드 가동률, 포트오픈 가동률, CPU의 평균값 등 3가지의 항목이 모두 위의 기간 값을 적용하고 있다. 노드를 운영하는 파이오니어들은 모두 기본점수는 받고 있는 것이다. 노드 가동률과 포트오픈 가동률은 오랫동안 노드를 운영하면 자동으로 채워지는 값이기 때문에 기본보너스를 받는다.

다만 CPU 평균값은 상대적이다. 어떤 사람은 44코어, 어떤 사람은 36코어, 어떤 사람은 6코어를 운영하면 그 CPU 개체 수가 다르기 때문에 노드 기여도는 다르므로 보너스도 다르다.

기본채굴량이 현저하게 떨어지지만 않는다면 2023년 8월 기준으로 노드 보너스를 3개월 내에 10점을 만드는 것도 가능하게 되었다. 물론 예외는 있다. 2022년 3월부터 4코어로 노드를 운영하는 파이오니어들 중에 10점을 받는 이도 있다. 이는 2023년보다 2022년의 기본채굴률이 상당히 높았기 때문에 가능한 일이었다. 사람들은 이를 보고 노드 보너스는 복불복이라는 말을 한다. 그러나 이를 정교하게 데이터로 보면 복불복이라는 말이 절대 나올 수가 없다. 여기서 노드를 운영하고 있는 2명의 파이오니어들의 자료를 공유해 보기로 한다.

avg_cpu_count_last:

90_days: 21.955555555555556

360_days: 5.488888888888889

720_days: 2.706849315068493

3650_days: 0.5413698630136986

created_at: null

percent_ports_open_last

90_days: 0

360_days: 0

720_days: 0

3650_days: 0

percent_uptime:

90_days: 69.09567901234567

360_days: 17.273919753086417

720_days: 8.51864535768452

3650_days: 1.7038290715372908

1days: 99.097222222222223

(자료 1)

avg_cpu_count_last:

90_days: 26.2

360_days: 1.838888888888889

720_days: 0.9616438356164383

3650_days: 0.19232876712328767

created_at: null

percent_ports_open_last

90_days: 0

360_days: 0

720_days: 0

3650_days: 0

percent_uptime:

90_days: 33.56867283950618

360_days: 8.392168209876544

720_days: 4.138603500761035

3650_days: 0.8277207001522071

1days: 97.98611111111111

(자료 2)

위의 두 가지의 검증된 노드 팩터를 가지고 이야기를 해보자. 표에 나와 있는 맨위에 avg_cpu는 지난 기간동안 우리가 돌렸던 노드 CPU값이다.

Percent_ports_open_last는 포트오픈 팩터의 평균 값이고, 마지막으로 percent_uptime은 노드 가동률에 대한 평균값에 대한 수치를 평균값으로 측정을 받은 것이다. 이 자료를 토대로 노드 보너스를 받는 것이다.

자료 1에 해당하는 노드는 운영 26일 차이며, 하루도 빠짐없이 정석으로 노드 운영을 잘 해왔다. 현재 자료 1에 해당하는 노드 보너스 점수는 5.05점이다.

자료 2에 해당하는 노드 운영기간은 2022년에 노드를 설치했지만 제대로 설치를 못하여 거의 8개월 동안 공백이 있을 정도로 노드를 운영하지 못하였다. 자료 2에 해당하는 노드 보너스 점수는 2.46점이다. 오래 돌리고 있다고 노드 보너스를 많이 주는 것은 절대 아니라는 말이다. 우리가 돌리고 있는 노드컴퓨터의 CPU 평균값이 높으면 높을수록 노드 보너스를 많이 받고 또한 노드를 운영하는 데 있어 꾸준한 관리가 얼마나 중요한지를 위의 표에서 확인할 수 있다. 다만, 아쉬운 점이 있다면 노드 보상 공식에 적용해서 avg_cpu, percent_ports_open _last, percent_uptime 의 평균값을 적용하는데, 이 3가지의 노드 보너스를 받는 공식에 대한 비율이 상세히 안내가 되어 있지 않아서 힘들었다.

결국 필자는 현재 200대 이상의 노드를 돌리고 있는 각각의 보너스의 집계를 통해서 어떻게 노드를 운영했을 때 점수가 잘 나오고, 어떻게 운영했을 때 점수가 나오지 않는다는 것을 일일이 테스트를 통해 결과를 알아낼 수밖에 없었다.

그럼 표를 하나 더 보기로 하자.
avg_cpu_count_last:
90_days: 5.0079365079366508
360_days: 3.6808531746031745
720_days: 1.8551369863013698
3650_days: 0.371027769726027395

created_at: null

percent_ports_open_last

90_days: 0

360_days: 100.0

720_days: 100.0

3650_days: 100.0

percent_uptime:

90_days: 100.0

360_days: 100.0

720_days: 100.0

3650_days: 30.111491628614917

1days: 0.007716049382716049

(자료 3)

자료 3에 대한 노드 운영시 약 340일 운영을 했고, 현재 점수는 10.51점이다. 여기서 이상한 부분이 있다. 아직 노드 1년을 운영하지 않았지만, percent_uptime 가동률이 90일 에 100%, 1년도 100%, 2년도 100%, 10년 의 팩터만 30%로 표기가 되고 있다. 노드에 관심을 가진 사람은 노드 승계가 된 계정이란 것을 알 것이다.

노드 승계란 2년 이상 노드를 운영했던 파이오니어의 uuid를 복제하여 새로운 신규노드 운영자에게 이것을 복제하게 되면 노드 점수가 0점부터 시작해야 되는 부분이 바로 10점 이상 점수가 나오는 것을 확인할 수 있다. 이것이 노드 승계이다. 나의 노드가 승계된 것을 알 수 있는 방법이 노드를 꺼두어도 계속 노드 보너스가 나온다면 승계가 맞다고 봐도 된다.

📄 *제목 없음 - Windows 메모장
파일(F) 편집(E) 서식(O) 보기(V) 도움말(H)
{"windowWidth":800,"windowHeight":600,"uuid":"12345678-1234-1234-1234-123456789"

위의 박스 란을 보면 uuid라는 코드가 생성되는 것을 볼 수가 있다.

@GorgeousDan I would highly recommend against cloning your node configuration. It will get you flagged on our server as "cloner" and you may get disqualified in the future. Just make a clean node installation and wait a little for that installation to get selected again. We are adding nodes pretty fast these days. And your stats from all your installations are not lost. If your ports are open in the new installation, you will get selected pretty quickly as we always prioritize SuperNode candidates to support other node candidates.
posted by @nicolas

@GorgeousDan 노드 구성을 복제하지 않는 것이 좋습니다. 저희 서버에서 "복제자"로 표시되며 향후 자격이 박탈될 수 있습니다. 깨끗한 노드 설치를 만들고 해당 설치가 다시 선택될 때까지 잠시 기다리십시오. 우리는 요즘 매우 빠르게 노드를 추가하고 있습니다. 그리고 모든 설치의 통계는 손실되지 않습니다. 새 설치에서 포트가 열려 있는 경우 다른 노드 후보를 지원하기 위해 항상 슈퍼노드 후보의 우선 순위를 지정하므로 매우 빠르게 선택됩니다.
게시자: @nicolas

@GorgeousDan nodeu guseong-eul bogjehaji annheun geos-i johseubnida. jeohui seobeoeseo "bogjeja"lo pyosidoemyeo hyanghu jagyeog-i bagtaldoel su issseubnida. kkaekkeushan nodeu seolchileul 자세히

위 내용은 니콜라스 박사가 2021년 2월에 노드 백서를 만들면서 커뮤니티에 올린 글이다.

"노드 구성을 복제하지 않는 것이 좋다. 저희 서버에서 '복제자'로 표시되면 향후 자격이 박탈될 수 있다"라는 무서운 말이 나와 있다. 자격 박탈이라는 말은 기존의 100년 동결이라는 말과는 차원이 다른 말이다.

노드의 자격 박탈이 될 수도 있고 파이오니어의 자격 박탈이 될 수도 있는 부분이다. 절대 복제를 해서는 안 된다. 이런 상황에도 불구하고 노드 컴퓨터를 운영하는 업체에서는 노드 보너스를 많이 받게 해 준다는 명분을 삼아 노드를 잘 모르는 파이오니어들에게 돈을 받고 계정을 더럽히는 일들이 있다. 필자는 지난 3개월 전부터 절대 uuid를 복제하면 안되고 충분히 문제가 될 수 있는 점을 지적하면서

유투브 방송을 통해 매번 이야기를 하고 있다.

위 내용에도 나와 있듯이 니콜라스 박사는 노드를 운영하는 파이오니어들에게 엄청난 혜택을 주고 있다고 말을 하고 있다. 본인의 욕심에 의해 혹은 돈을 벌기 위해 불법적인 일을 해서는 안 된다. 지금까지 어렵게 모은 파이코인을 불법적으로 보너스를 올리는 방법까지 써가며 순식간에 많이 채굴하는 것도 부정한 행위이다. 그렇게 일을 진행했다면 그에 대한 책임은 본인이 지고 가야 한다.

한 가지 더 중요한 이야기를 전하려 한다. 노드 운영에 아직 입문하지 않은 파이오니어들의 관심사이기도 하고, 1년을 넘게 노드를 돌렸는데도 노드 보너스가 올라오지 않는다는 문의가 많이 온다. 그래서 5개월 전부터 필자는 이 부분에 대한 해결방안을 직원들과 함께 연구하였다.

이에 대한 결론은 이렇다. 노드 보너스가 잘 나오지 않는다는 것은 팩터를 제대로 적용받지 못했다고 보면 된다. 아쉽지만 팩터가 깨진 노드에 더 이상 신경을 쓰지 말고, 차라리 운영하지 않는 계정에 힘을 싣는 방법을 권하고 싶다. 필자의 경험상 팩터가 무너진 노드를 복구하는 것보다 신규로 노드를 돌리는 게 훨씬 확실한 효과가 있다.

주위를 더 살펴보면 파이코인을 하지 않는 가족도 있고 파이코인을 하지만 노드를 운영하지 않는 친인척도 있을 것이다. 현시점으로 파이코인을 더 많이 채굴해야 하는 시점이기에 가족 그리고 친인척이 파이를 하지 않고 있다면 나의 레퍼럴로 등록을 시킨 다음에 노드를 추가 운영하는 것도 노드를 확산시키는 하나의 방법이다.

또한 팩터가 무너지지 않기 위해 우리가 일반적으로 사용하는 컴퓨터가 아닌 노드전용 컴퓨터, 쉽게 말해 CPU 코어수가 높은 컴퓨터를 사용하는 것이 효율적이다.

4) 경제적인 CPU 코어 운영

당연히 1계정 1인 1노드이다. 1대의 계정으로 여러 대의 노드 컴퓨터가 아니라 여러개의 계정에 그 계정마다 각 1대씩 노드를 운영한다는 말이다. 파이 코인을 했지만 더 많은 갯수를 확보할 수 있는 가장 빠른 방법은 노드를 운영하는 것이다. 아직 늦지 않다고 생각한다.

왜냐하면, avg_cpu, percent_ports_open_last, percent _uptime의 중요한 3요소가 10년의 팩터까지 생각하고 만들었다는 내용이 있기 때문에 우리가 생각하지 못한 250억 개가 아직 남았다고 본다. 200억 개가 남았다는 말이 많이 돌고 있지만, 그렇게 생각하지 않는다. 아직 채굴할 수 있는 개수는 많다고 생각하기 때문이다. 기본적으로 니콜라스 박사는 노드 팩터도 10년 동안의 공식을 만든 것을 보아도 그 기간 동안 채굴할 수 있는 기간이 충분히 남아 있다는 게 필자의 판단이다. P2P 생태계를 생각한다면 비트코인과 이더리움 외 다른 코인들은 사용하면 소각이 된다라는 말은 맞지만, 파이코인은 절대 소각되지 않을 것이라고 생각한다. 오히려 소각이 되어버리면 실제 파이생태계에서 쓸 수 있는 코인들이 줄어들기에 오랜 기간 동안 생태계를 운영할 수 있는 방법이 될 수가 없기 때문이다.

다만, 파이코인은 매월 반감기가 오면서 채굴률이 떨어지기 때문에 속도있는 채굴을 하려면 하루라도 빨리 노드를 운영하는 것을 추천한다. 한국에 약 250만 명 이상이 파이 코인채굴을 하지만, 실제 노드를 운영하지 않는 파이오니어들이 대다수이다.

Rank	Country	Nodes
#1	South Korea	31,296
#2	Japan	29,951
#3	Vietnam	25,906
#4	China	22,694
#5	Singapore	16,662
#6	United States	15,827
#7	Taiwan	3,098
#8	Mongolia	1,846
#9	Hong Kong	1,633
#10	Germany	1,080
#11	Malaysia	729
#12	Netherlands	664
#13	Canada	495
#14	United Kingdom	464
#15	Russia	333
#16	France	244
#17	Australia	242
#18	Seychelles	236
#19	unknown	197
#20	Bulgaria	174

국가별 노드 순위 현황

앞 표를 보면 한국에서 노드를 운영하는 %를 보면 1.2%밖에 되지 않는다.[50] 그렇기에 그 많은 코인들이 다시 파이코어 팀에 소각이 아닌 파이 코인으로 회수될 수 있다는 가정도 생각해 보아야 한다. 우리는 그 잃어버리는 코인들을 하루빨리 채굴해야 하는 의무가 있다고 본다. 파이코인의 미래는 확실하다고 생각한다. 다만 시간이 걸릴 뿐이다.

5) 무한로딩의 문제

위 그림은 Pleaes wail… Loading may take up to one minute 즉 1분만 기다리라는 내용이 있다. 이 창이 계속 뱅글뱅글 돌면서 대기중이다. 이것을 우리는 무한로딩이라고 한다. 자료 5는 이 무한로딩을 풀면 나오는 Troubleshooting 창이다. 필자는 무한로딩으로 맞춘 다음 선정이 될 때까지 기다려야 한다는 내용을 고수하고 있다. 물론 무한로딩을 제이슨 파일을 이용해서 풀면 자연히 무한로딩이 풀린다는 것을 우리는 알고 있다.

다만, 모더(파이코인 도우미)가 있는데 한국에는 메가 모더가 없다. 다른 해외 메가 모더의 말을 인용하면 다음과 같다.

"가용성이 업데이트가 되지 않을 수 있고, PC를 재시작하거나 업데이트 후에 일부 날짜가 N/A로 표시될 수 있다. 로딩화면에서 문제가 발생할 수 있다. 현재 Pi consensus가 바로 생성이 되지 않는다. docker에서 stellar-dummy가 활성화되어 있어야 한다. 문제가 해결될 때까지 조금만 기다리라."

그럼 노드를 운영하면서 무한로딩을 해결하지 않고 운영을 하면 노드 보너스에는 문제가 없을까? 필자가 무한로딩을 운영중에 테스트해 본 결과 노드의 3요소에서 팩터 값이 적용되는 것을 확인했다. 팩터 값을 적용하니 당연히 노드 보너스도 집계되어 나온 것이다.

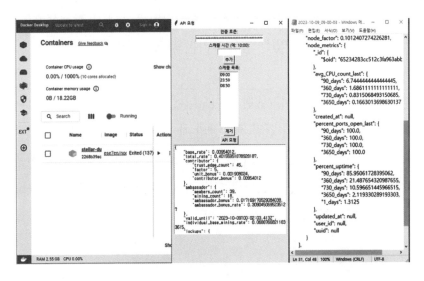

우리나라뿐만 아니라 전 세계 어느 곳을 보아도 현재 무한로딩을 풀 수 있는 곳이 많다는 것이 확인되었다. 그렇기에 우리는 무한로딩을 강제로 풀어서 진행하는 것이 아니라 시간이 걸리더라도 파이코어 팀에 선정을 받을 때까지 기다려야 하는 것이 맞다고 생각한다. 항상 필자는 팩터로만 운영을 했기에 안정적이고 빠른 노드 보너스를 받을 수 있었고, 오래되진 않았지만 인지도 있는 노드 전문 채널이 되었다.

6) 파이코인 반감기와 노드 운영

파이코인 노드를 운영하는 데 필요한 컴퓨터 권장 사양은 다음과 같다.

- CPU 인텔 I5-3570(3세대) 3.2GHz
- RAM 4GB 이상
- 저장공간 256GB 이상
- 그래픽카드는 고 사양이 아니라도 된다.
- 다시 한번 말하지만, 권장 사양은 권장일 뿐 노드의 팩터는 CPU 코어에 집중되어있는 점을 우리는 꼭 알아야 한다.

일찍 파이코인을 시작했던 파이오니어와 늦게 시작하는 파이오니어를 비교해보면 현재 일일 채굴량의 차이가 그렇게 많지 않다. 그리고 극초기에 시작했던 파이오니어들은 노드를 운영하지 않고도 많은 갯수를 채굴했다. 다만 현재의 시점은 반감기가 계속되어 채굴속도가 낮아졌다. 이는 정상적인 수준이다.

필자의 예를 들어 설명하면 2021년 3월부터 2022년 8월까지 총 채굴한 파이코인 갯수가 2,400개 정도였다. 2022년 8월부터 느즈막하게 노드를 운용을 하기 시작하여 현재까지 채굴한 갯수는 만개가 넘었다. 1년 5개월 동안 채굴한 갯수보다 1년 동안 노드를 운영하여 채굴한 파이코인 갯수가 기간도 짧으면서 거의 5배에 가까운 파이코인을 채굴한 것이다.

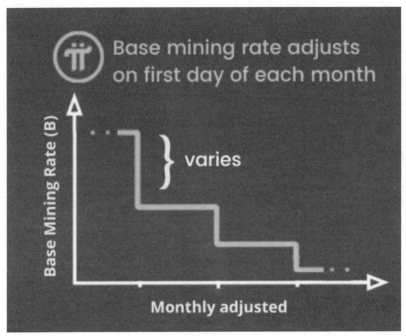

파이코인 반감기

노드를 운영하면 파이코인의 채굴량이 이렇게 많으리라고는 상상도 못한다. 노드의 위력이 여기서 나온다.

3. 유틸리티 사용 보너스로 채굴속도 올리기

비용을 들이지 않고 매일 매일 하루 채굴량을 늘릴 수 있는 방법이 있다. 하루에 유틸리티 사용 보너스로 채굴속도를 올릴 수 있다. 매일매일 꾸준해야 하지만, 필자가 말하는 하루에 20분만 매일매일 시간을 투자하면 1점 이상 유틸리티 보너스가 나올 수 있다. 유틸리티 보너스도 누적으로 적용되기에 꾸준하게 하는 것이 상책이다. 가장 빠른 기간 안에 쉽고 빠른 유틸리티 올리는 방법을 참고하여 유틸리티 보너스도 많이 받도록 하자.

- 테스트 파이를 다른 사람에게 보내는 게 아니라 내 지갑에 10번을 계속 반복하며 전송해 준다.
- 파이체인몰에 2분 정도 머물며 어떤 상품을 운영하는지도 확인을 한다. 그러나 악의적인 해킹이 숨어 있을 수 있으니 주의해야한다. 다른 코너도 마찬가지다.
  https://www.pichainmall.com
- 바터몰도 체인몰이랑 동일하게 2분 정도 상품을 확인한다.
  https://www.lgkm.net
- 파이케어에 들어가서 좋아요 버튼 10번 누르기
  https://picare.cf
- 파이 채팅방에서 2분 정도 읽어보기

위의 내용처럼만 매일매일 꾸준히 하면 유틸리티 보너스가 생각 이상으로 나올 수 있다. 혹시 위의 글이 어려우면 쉽게 따라 할 수 있는 영상을 참고하여 따라해 보기를 추천한다.
https://youtu.be/NReQjGf7-DM

1) 노드운용과 Open Mainnet

먼저 니콜라스 박사와 칭다오 박사가 최근에 인터뷰한 내용을 살

퍼보자.

사회자 당신은 테스트 넷이 있군요. 아직 메인넷을 시작하지는 않았
나요?

칭다오 우리는 메인넷을 시작했습니다. 우리의 메인넷은 라이브이
며, 실제로 폐쇄형 메인넷의 특별한 기간망을 만들었습니다.
이것은 메인넷 내부의 특별한 단계지만 외부 연결에 대해 방
화벽을 인위적으로 배치합니다. 이는 생태계 내에서 유틸리
티 구축에 집중할 수 있도록 하기 위한 것이며, 유틸리티는
밀폐된 환경에서 구축될 수 있다고 생각합니다. 물론 특정 유
틸리티가 있음을 인식하려면 외부 연결이 필요합니다. 그러
나 개방형 네트워크를 개방하기 전에 유틸리티 기반 생태계
를 보다 성숙하게 하기 위해 방화벽을 유지하고 이 폐쇄 단계
내에서 유틸리티 구축에 집중하고 싶습니다.

또한, 이 단계에서 우리 네트워크는 전 세계에 수백 만명의
파이오니어가 있습니다. 수백만 명이 모두 네트워크에 탑승
하기 위해 개방하기 전에 대부분의 네트워크가 폐쇄된 환경
에서 메인넷으로 마이그레이션하는 것이 합리적이고 공정합
니다.

니콜라스 Block Explorer에 표시되는 메인넷은 실제 메인넷입니다.
현재 5백만 명이 넘는 사람들이 KYC를 통과하였고, 마이그
레이션을 목표로 하고 있습니다. 이는 파이오니어가 앱 내 Pi
마이닝 잔액을 Pi 메인넷 블록체인으로 마이그레이션하기 위
한 전제 조건입니다.

우리는 역사상 가장 큰 블록체인 마이그레이션 중 하나를 수

행하고 있기 때문에 4,700만 명 이상의 참여 파이오니어를 위해 이러한 프로세스를 하루 만에 완료할 수는 없습니다. 우리의 전략 선택은 대부분 Pi의 포괄성 철학을 기반으로 하여 모든 사람들이 KYC를 하고 메인넷에 참여할 수 있도록 보장하며, 자격을 갖춘 모든 파이오니어가 KYC를 통과할 수 있도록 최선을 다하고 있습니다. Pi의 현재 폐쇄형 네트워크 기간은 우리가 Fireside Forum과 같은 유틸리티 개발을 계속 구축하고 홍보하는 동안 이 프로세스를 지원합니다.

동시에 Pi의 KYC 솔루션과 Fireside Forum의 기본철학에 주목하는 것이 중요합니다. Pi Network는 항상 진정한 인간 P2P 생태계 및 온라인 경험에 대한 Pi의 비전의 기반이 되는 엄격한 1인당 계정 정책을 가지고 있습니다. Pi KYC 솔루션은 봇이나 기타 악의적 행위자가 없는 진정한 인간 생태계를 확장 가능하게 검증하여 이 비전을 실현합니다. 동시에 Fireside Forum은 블록체인을 활용하여 실제 인간의 필요를 해결하려는 Pi의 비전을 구체화합니다. 블록체인과 암호화폐 세계를 개선할 뿐만 아니라 모든 사람을 위한 전반적인 온라인 경험을 발전시킵니다.

트위터에서는 "파이코어팀에서 노드를 담당하는 직책을 모집하고 있다."라고 했다. 기술적으로 운영을 잘할 수 있는 사람이 있다면 소개하여 이 문제와 다른 문제도 해결할 수 있다는 것이다.

OS를 만들기 위해 노드의 문제점까지도 해결한다면 파이 코인은 엄청난 혁신을 가져다주는 건 시간 문제라고 본다.

우리가 노드의 기준으로 보면, 무한로딩과 계정승계, uuid의 복제와 같은 일어나지 말아야 할 일들이 현재 일어나고 있는 것이 사실이다. 모든 기반을 바로 잡을 수는 없지만, 블록체인에 있어 노드라면 블록체인의 핵심을 다루는 아주 중요한 부분인데 이러한 노드의 문제점을 해결하지 않고서 오픈형 메인넷을 여는 것 또한 바람직하지 않다라는 것이 필자의 의견이다.

2) 노드에 대한 종합의견

파이코인에 있어 보안성과 안정성은 절대 없어서는 안 될 중요한 요소임을 우리는 알아야 한다. 모두가 한마음으로 파이코인이 잘될 수 있기를 바란다면 니콜라스 박사가 요청하는 바램을 우리도 충족시켜줘야 할 것이다. 이 모든 조건이 충족되었을 때, 우리의 파이코인은 누구도 무시하지 못하는 블록체인으로 혁신을 가져다 줄 것이라 확신한다. 지금 글을 쓰고 있는 나 자신도 이 시간이 가슴이 벅차고 미래가 보장된다는 생각에 너무 기쁘다. 나뿐만 아니라, 이 글을 읽는 여러분들에게도 고생했다는 말과 함께 격려를 드린다. 창업을 희망하는 분들에게 도움을 드릴 수 있기를 기대하며 매장 주소를 남긴다.

- 유튜브 : 용크컴퓨터 검색
- https://www.youtube.com/@user-bi2ot6ow6r
- 주소 : 대구시 북구 한강로 8길 19 1층 용크컴퓨터

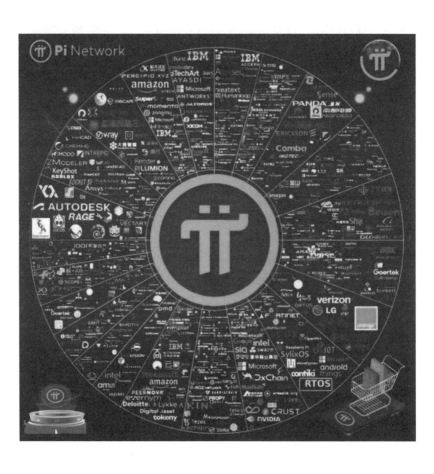

8장 파이코인 생태계 창업과 매장 사례 소개

김현무, 이원일, 오경운

1. 파이코인 생태계(Pi Ecosystem)

파이는 WEB3.0 기반의 탈중앙화 가상자산이므로 생태계가 중요하다. 여기서 가상자산이란 암호화폐, 크립토커런시, 디지털화폐, 코인을 통칭하는 용어로 2020년 초 특별금융법에 규정되었다. 생태계의 사전적 의미는 '어느 환경 안에서 사는 생물군과 그 생물들이 제어하는 제반 요인을 포함한 복합체계 생태학의 대상이 된다.'이다. 사람으로 표현하면 우리가 사는 환경인 지구를 포함한 우주 전체를 말한다. 가상자산의 생태계는 무엇인가?

파이코인이 살아가는 환경인 생태계

개발자(Pi Core Team) + 파이코인(Pi Coin) + 파이오니어(Pioneer) + 노드(Node) + 홍보대사(Referral) + 보안서클(Security Circle) + 메인넷(Main-net) + 스텔라 네트워크(Stella Network) + 전자계약자(Smart Contractor)

이 중에서 가장 중요한 외부로의 소통 채널인 전자계약자(Smart Contractor)는 4가지로 나눌 수 있다.

전자계약자(Smart Contractor)

▷ 기본 4가지 분야

① 코인(Coin), ② 지갑(Wallet), ③ 거래소, ④ 핀테크

▷ 확장 4가지 분야

① 엔에프티, ② 아바타, ③ 게임, ④ 메타버스

전자계약자 사례 : 파이 유저가 '파이어사이드포럼'에 참여하여 파이 토크노믹스(Tokenomics) 즉 파이 코인경제를 사용하여 콘텐츠를 큐레이팅하고 질서를 유지한다. 여기서 전자계약자(Smart Contractor)는 전자계약(Smart Contract)을 체결하는 사람들이다. 전자계약은 거래 당사자

간의 계약을 프로그램 코드로 체결해 사전에 입력된 계약 내역을 컴퓨터가 자동으로 집행하므로 블록체인 시스템이 안전하게 돌아가는 경우 계약사기의 위험이 없다.

파이 생태계의 확장 : 오픈형 메인넷(Open type Main-net)

파이코인 생태계의 빅뱅은 가상자산거래소 상장이다. 그래야 전 세계 일반인들이 파이코인을 매매할 수 있다. 파이코인을 매매하면 파이코인을 채굴하는 사용자가 된다. 그리고 사용자는 채굴량을 늘리기 위해서 당연히 파이코인을 주변에 소개한다.

5,000만 명의 파이 사용자 중에서 KYC인증 대상은 1,500만 명이며, KYC인증 통과자는 800만 명 정도이다. 지금 가상자산거래소에 상장될 경우, 2019년 3월 14일부터 지금까지 파이의 생태계 확장에 기여한 많은 파이코인 사용자들은 파이코인을 거래할 수 없게 된다.

파이코인의 오픈형 메인넷이 출시되고 가상자산거래소에 상장될 시기는 KYC 인증 대상이 대부분 통과되고 탈중앙화 코인을 지향하는 파이코인이 해킹 위험으로부터 자유로워져야 한다.

파이코인이 이더리움을 대신할 가상자산으로 자리매김하는 이유 중 하나는 트윗 팔로워가 4년 반 만에 260만 명에 다다랐다는 사실이다.(이더리움은 9년 동안 300만 명)

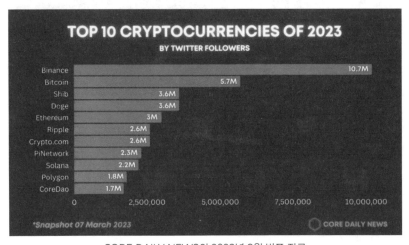

CORE DAILY NEWS의 2023년 3월 발표 자료

2. 파이코인 창업(Pi Start-Up)

파이코인 관련 창업은 기존 산업을 아래와 같이 3가지로 구분하고 그 분야의 차별화된 아이템이

상품(제품식품기구기술) 생산
상품(제품식품기구기술) 유통
상품(제품식품기구기술) 서비스

각각 아래의 새로운 7개 산업과 융·복합을 통해 차별화된 아이템이 되어야 한다. 융복합은 서로 다른 분야의 전문가가 시너지를 내서 새로운 산업을 만들어내는 것을 말하며 4차 산업혁명의 화두가 되었다.

가상자산(COIN) : 인터넷 돈
지갑(WALLET) : 인터넷 은행
거래소(TRADER) : 환전&거래소
핀테크(FINTECH) : 금융+IT
엔에프티(NFT) : 공동구매
아바타(AVATA) : 대신사용
게임(GAME) : 대리만족
메타버스(METAVERSE) : 가상세상

파이코인 관련 창업은 기존 산업의 창업과 동일한데, 꼭 한 가지 달라지는 점이 있는데 바로 가상세상(Virtual World)의 창업이라는 점이다. 가상세상는 사람의 기초적인 생리 조건만 빼고 모든 생활이 가상현실에서 이뤄지는 세상을 말한다. 그러나 서버 시스템이나 사용자의 장비가 아직 유아적 단계이므로 앞으로 10년 정도를 준비해야 할 것이다.

요즘 제조업의 붕괴와 SAAD, COVID-19의 여파로 대한민국만 보면6.25 이후에 설탕과 하이타이를 만들어서 크게 부를 이루던 시절과 다름이 없다. 앞으로의 가상세상에서는 어떤 아이템으로 시작하던지 융복합 키워드를 잘 적용해서 창업을 한다면, 큰 기업을 이룰 수 있는 절호의 기회이기도 하다.

왜냐하면 대기업은 WEB2.0과 제조업 기반으로 성장해왔기 때문에 WEB3.0 세상에서 커뮤니티의 유저들이 의사결정을 하고 기여분에 따라 유저가 이익을 나누어 갖는 새로운 DAO 체제로 바꿀 수 없기 때문이다. 그리고 DAO는 회장이나 이사장, 대통령 같은 수직적 조직이 아닌 수평 구조 조직을 말한다.

다음 페이지에서 아직 가상세상이 시작단계이고 DAO 체제가 활성화되지 않는 과도기에서 파이코인 관련 창업 사례를 시뮬레이션 해보겠다. 이런 P2P 파이코인 사용처가 늘어날 경우, 지갑이나 원재료비 대여 또는 렌탈 산업이 필요하고 공동사용 커뮤니티가 증가할 것으로 예상된다.

□ 파이코인 창업 사례1

1. 업종 : 서비스업
2. 제목 : 기혈 마사지샵
3. 장소 : 경기도 광주
4. 내용
   (1) 효과 : 기와 혈을 뻥 뚫어서 통증 클리어와 체형 교정
   (2) 조건 : 1시간, 7만원

(3) 정산 : π 100% / 2.3π (1π:3만원)

□ **파이코인 창업 사례2**

1. 업종 : 요식업

2. 제목 : 동태탕집

3. 장소 : 제주도 신제주시

4. 내용

　(1) 효과 : 맛있는 동태탕을 파이로

　(2) 조건 : 1인분에 1만원

　(3) 정산 : π 50% / 0.17π (1π:6만원)

☆ **체크 포인트**

1. 업주가 파이 KYC인증 통과

　☞ 통과되지 않은 경우 결제 불가

2. 원재료비가 큰 업종

　☞ 파이를 확보할 필요성 있는 업주만 파이 100% 운영

3. 파이코인 쇼핑몰(Pi Shopping-Mall)

파이를 현금처럼 사용할 수 있는 방법은 2가지가 있다. 오프라인 매장에 직접 가서 상품을 구매하거나 서비스를 이용하고 파이로 결제하는 방법과 온라인 쇼핑몰에서 파이 100%~파이0%(현금 100%)로 직접 결제하거나 카드 결제하고 반환받는 방법이다. 아래에 파이 사용

처를 검색하는 방법부터 쇼핑몰에서 파이 100%로 결제하는 방법을 소개한다. 파이 사용처 중에서 대표적인 사례이다.

□ 파이스토어 : 파이코인 사용처 검색

https://www.pistore.info

□ 파이마트 : 파이코인으로 상품 구매 & 등록

https://www.pi-mart.net/main 〈구매〉

https://forms.gle/v9Xf6Y6Y1oqF49s89 〈등록〉

□ 파이파파코리아 : 파이코인 생태계 카페

m.cafe.naver.com/austrail.cafe

□ 파이체인몰 : 파이코인으로 상품 구매(글로벌)

https://www.pichainmall.com

(김현무)

4. 파이 결제 커피숍 운영 사례 소개

커피 매장을 7개나 확장하여 운영하고 지갑에는 항상 현금이 넘쳐 잘 나가던 시절 나에게 비트코인 투자를 소개한 친구를 비웃던 시절이 있었다. 결과적으로 그 친구는 엄청난 자산가가 되어 외국에서 멋있게 살고 있다. 코로나로 전 세계가 충격에 빠진 와중에 파이코인을 알게 되었다. 물론 몇 년 전 나에게 찾아와 비트코인을 알려주고, 자산가가 되어 홀연히 떠난 친구 덕에 암호화폐 경제를 공부하게 되었고, 고려대 대학원에서 배운 온갖 지식을 총동원하여 시대의 흐름을 파악하던 때였다.

지난 몇 년간 파이코인은 비트코인이 가진 치명적인 약점을 보완하여 중무장한 상태다. 이제 전 세계에서 가장 널리 사용되는 디지털 화폐가 될 단계에 이르러, 저장 가치와 사용 가치를 모두 지닌 최고의 기술력을 가진 블록체인으로서 글로벌 토큰경제 생태계를 평정할 것이 확실시된다고 필자는 판단했다.

필자는 전라북도 군산시 야미도에 있는 섬을 파이코인으로 모두 결재가 가능한 파이월드로 만들고 싶다는 야심에 찬 꿈을 품고, 군산시에 있는 매장들을 모두 정리하여 카페디레마(Cafe de Rhema)를 열었다. 1파이에 10만 원을 책정하고, 커피류를 100% 파이코인으로 결재를 시작했다.

강한 믿음과 추진력 덕에 2년이 되지 않은 지금 이곳 야미도는 파이코인을 채굴하는 이들의 마음속에 '파이로 커피도 사서 먹을 수 있다.'라는 파이에 대한 강한 믿음을 심어주었다. 이제 한국의 수많은 파이오니어와 전 세계 각국의 동포들과 전 세계 사람들이 나에게 연락을 해오고, 카페디레마를 방문한다. 현재까지 누적으로 수천 명의 사람들이 찾아와서 파이코인에 대해 얘기하고, 공부도 하는 명소로 자리를 잡아 가고 있다.

전 세계 파이 생태계 매장 중 최초로 소개된 카페디레마는 파이코인이 오픈 메인넷을 시작하고, 현금화할 수 있으며, 전 세계 어디에서든 사용할 수 있는 디지털화폐로 자리 잡아가도록 역사를 함께 썼다고 자부한다. 노력하지 않고, 행동하지 않으며 무언가 나에게 좋은 일이 벌어질 것이라고 생각하는 망상을 싫어하는 나에겐 파이코인을 전 세계에 널리 알리는 결제 매장 사장으로서, 파이오니어로서, 유튜버로서 파이안과 함께 성공하고 싶다.

파이코인으로 모든 경제생활이 가능하도록 참여하는 사업가들과 사용자들과 더불어 파이노믹스가 실현되는 현장에서 차 한 잔 마시면서 담소를 나누는 멋진 장소로 카페디레마가 기억되어 다양한 대화를 이어지기를 희망한다. 더불어 결제 매장을 운영하면서 같이 울고 웃던 국내 파이오니어, 전 세계 결제 매장 운영을 하는 사업가들과 컨퍼런스에서 우리들의 결제매장 후기를 발표하는 멋진 순간을 고대한다. 창업을 희망하는 분들에게 도움을 드릴 수 있기를 기대하며 사이트와 매장 주소를 남긴다.

- 유튜브 : 커피도사 검색
- 전북 군산시 옥도면 야미도1길 14.
- https://m.place.naver.com/restaurant/1296477042/home

(이원일)

5. 파이 결제 교육문화 사업 사례 소개

파이 결제로 교육사업 발전 가능성 높아져

4차 산업혁명 이후 교육시장의 온라인 교육과 오프라인 교육의 입체적 시장운영이 확대되고 있다. 교육은 가상세계에서 원활한 소통과 참여의 기회를 자유로이 늘리고 커뮤니티 형성을 결속하므로 교육의 질이 향상된다. 일방적 교수법이 아닌 교육자와 피교육자의 쌍방적 커뮤니케이션의 교육형태는 급속히 팽창하여 앞으로 더욱 교육 패러다임을 교체해 나갈 것이다.

특히 메타버스에서 구축된 캠퍼스의 가상 강의실 출석 교육형태는 날로 늘어나고 있고, 공간을 초월하여 무한한 가상 공간에서 사이버 동문들은 끊임없이 인맥을 형성하고 있다. 이 과정에 오프라인 교육시간을 적절히 안배하는 것은 교육과 인맥 쌓기에 좋은 도구가 된다. 이미 교육시장 마케팅 기법 중에는 온라인 강의가 그 비중을 크게 형성하고 있고 교육의 지속적 증진을 위해 목표 도달에 대한 보상시스템은 다양하게 발달되어 있다.

이러한 시장구조에서 파이코인의 채굴과 결제는 최적의 효용성을 높이는 블록체인의 최상 수단이 될 수 있다. 파이코인이 갖는 강력한 경쟁력은 파이안들의 채굴을 통한 경제적 저축이다. 파이코인 채굴을 위한 노력의 댓가는 커뮤니티로 결속되어 단합 채굴로 그 경제성을 배가시킬 수 있다. 블록체인 속성을 그대로 반영하여 커뮤니티 형성의 결속과 가치성을 높이는 것은 파이안들의 결제에 의한 경제공동체 형성도 중요한 삶의 변화이며 확장이다.

이미 한국이 파이노드 운영에서 세계 1위이고, 파이안들 규모도 150~200만 명으로 추산되어 시장의 잠재력은 발전 가능성이 충분하다고 볼 수 있다. 따라서 일반인들의 교육프로그램을 파이코인의 채굴과 병행할 때 피교육자와 파이안으로서 의지와 습관적 참여는 두마리 토끼를 포획하는 것과 같은 효과를 가져올 수 있다.

또 글로벌 교육시장에서 여러 국가간 교육 캠퍼스와 파이코인의 결합은 성공적인 비즈니스 모델로 부상할 것으로 생각된다. 그러므로 환율의 장벽을 넘는 파이 공동 경제권이라는 경제적 수단은 형평성을 보장하여 전세계에서 누구나 경제적 가치를 균등하게 누리게 될 것으로 기대된다. 이러한 비즈니스는 한국의 파이경제 발전과 글로벌 파이시장의 안정을 위해 긍정적인 역할을 하게 될 것이다.

온 · 오프라인의 병행 교육 프로그램 검토 요소

- 메타버스 가상현실에서만 국한되지 않고 실질적 오프라인 교육을 병행하고 감성교류 및 대면적 만남과 소통을 통한 인간적 교류를 완성한다.
- 가상현실을 뛰어넘어 실제 현실감을 배양하여 인간미를 교류하도록 한다.
- 결제수단은 파이코인으로만 이루어지도록 하여 커뮤니티 형성과 함께 학습노력을 파이코인 채굴과 연동하여 새로운 코인경제를 알려주고 코인체굴을 습관화 체질을 완성한다.
- 오프라인의 추억 공유는 인맥 형성을 강화하고 인적 네트워크의 소통을 파이코인으로 결속하고 소속감을 누리며 협력하여 최고

의 가치를 이룬다.
- AI와 로봇기술에 의한 인간소외를 해결하고 그 존엄성을 회복하여 올바른 인간중심의 사회 구축에 공헌한다.

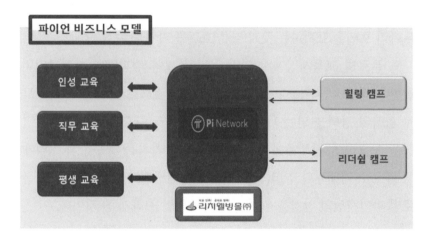

특정 커뮤니티 결성을 통한 글로벌 힐링캠프 사업 예시

- 기업체 대표를 대상으로 하는 글로벌 트래킹 캠프사업을 파이안 대표들을 한팀으로 편성하여 결속시킴으로써 신뢰구축과 파이 경제를 결합하는 활동 캠프 운영
- 글로벌 자선 및 기부 사업 결제시스템을 파이코인으로 지불케 하여 사회적 복지를 선도하는 모범적 국제 협력단 캠프 운영
- 가족단위, 회사 단위, 동우회 단위, 협력회사 단위, 동문 단위 등의 각종 커뮤니티를 파이코인 채널로 묶는 네트워크 완성 캠프 운영

상호: 리치웰빙몰(주)

주소: 경기도 부천시 송내대로 239 소풍터미널 6층 24호

리치웰빙(주) 글로벌 캠프사업부

https://blog.naver.com/richwellbeingmall

(오경운)

9장 파이 네트워크 백서

김용대

1. 2019년 3월 백서[51]

세계가 점점 더 디지털화됨에 따라 암호화폐는 화폐의 진화에서 자연스러운 다음 단계이다. Pi는 일상적인 사람들을 위한 최초의 디지털 통화로, 전 세계적으로 암호화폐 채택의 주요 발전을 가져온다.

- 우리의 사명: 일상적인 사람들이 확보하고 운영하는 암호화폐 및 스마트 계약 플랫폼을 구축한다.
- 우리의 비전: 세계에서 가장 널리 사용되는 암호화폐인 Pi를 기반으로 세계에서 가장 포괄적인 P2P 에코 시스템과 온라인 경험을 구축한다.
- 고급 독자를 위한 면책 조항: Pi의 사명은 가능한 한 포괄적이어야 하므로 이 기회를 통해 블록체인 신 응용모델들을 새로운 암호화폐 세계에 소개할 것이다.

1) 암호화폐가 중요한 이유

현재 우리의 일상적인 금융 거래는 거래 기록을 유지하기 위해 신뢰할 수 있는 제 3자에게 의존하여 거래기록을 유지한다. 예를 들어, 은행 거래를 할 때 은행 시스템은 거래가 안전하고 신뢰할 수 있음을 기록하고 보증한다. 그러나 이러한 신뢰할 수 있는 중개자의 역할에는 다음과 같은 제한 사항도 있다.

1) 불공정한 가치 포착: 이러한 중개인은 수십억 달러의 부를 창출하지만 사실상 그들의 고객들, 즉 돈이 세계경제의 중요한 부분을 차지하고 있는 일반인들에게는 거의 아무것도 지급하지 않는다. 그로 인해 점점 더 많은 사람들이 경제적으로 뒤처지고 있다.

2) 수수료: 은행과 회사는 거래 촉진을 위해 많은 수수료를 부과한다. 이러한 수수료는 가장 적은 저소득 인구에게 불균형적으로 영향을 미치는 경우가 많다.

3) 검열: 만약 '당신은 돈을 옮길 수 없다'고 믿는 금융기관이 결정한다면, 그것은 여러분의 돈의 움직임에 제한을 둘 수 있다.

4) 허가: 중개자는 누구든지 네트워크에 참여하지 못하도록 임의로 막을 수 있는 게이트키퍼 역할을 한다.

5) 가명: 사생활 보호 문제가 더욱 시급해지는 지금, 이 강력한 게이트키퍼는 여러분이 원하는 것보다 더 많은 금융 정보를 실수로 공개하거나 공개하도록 강요할 수 있다.

2009년 익명의 프로그래머(또는 그룹) 사토시 나카모토가 시작한 비트코인의 '피어투피어 전자화폐 시스템'은 돈의 자유를 위한 분기점이었다. 역사상 처음으로 사람들은 제3자나 신뢰할 수 있는 중개자

없이 안전하게 가치를 교환할 수 있게 되었다. 비트코인으로 지불한 다는 것은 Steve와 Cindy와 같은 사람들이 기관 수수료, 방해 및 침입을 우회하여 서로에게 직접 지불할 수 있음을 의미했고. 비트코인은 진정한 경계가 없는 통화였으며 새로운 글로벌 경제를 지원하고 연결했다.

2) 분산원장

비트코인은 분산 기록을 사용하여 이러한 역사적 위업을 달성했다. 현재 금융시스템은 전통적인 중앙 전산 기록에 의존하지만, 비트코인 기록은 공개 원장에 액세스하고 업데이트하는 분산된 '검증자' 커뮤니티에 의해 유지된다.

비트코인(및 일반 블록체인 기술)의 돌파구는 기록이 커뮤니티에 의해 유지되더라도 이 기술을 통해 항상 진실한 거래에 대한 합의에 도달할 수 있어 사기꾼이 허위 거래를 기록하거나 시스템을 추월할 수 없다는 점이다. 이 기술발전으로 인해 거래 금융 보안을 훼손하지 않고 중앙 집중식 중개자를 제거할 수 있게 되었다.

3) 분산원장의 이점

탈중앙화 외에도 일반적으로 비트코인 또는 암호화폐는 돈을 더 똑똑하고 안전하게 만드는 몇 가지 좋은 속성을 공유한다. 하지만 다른 암호화폐는 프로토콜의 다른 구현을 기반으로 일부 속성에서는 더 강하고 다른 속성에서는 약할 수 있다. 암호화폐는 공개적으로 액세스할 수 있는 주소로 식별되는 암호화 지갑에 보관되며 개인 키라고 하는 매우 강력한 비공개 암호로 보호된다. 이 개인 키는 트랜잭션을 암호로 서명하며 사기성 서명을 생성하는 것이 사실상 불가능하다.

정부 당국이 압류할 수 있는 기존 은행계좌와 달리 지갑에 있는 암호화폐는 개인 키 없이는 누구도 빼앗을 수 없다. 암호화폐는 누구나 네트워크의 모든 컴퓨터에 트랜잭션을 제출하여 기록 및 검증을 받을 수 있어서 분산 특성으로 인해 검열에 강하다. 암호화폐 트랜잭션은 트랜잭션의 각 블록이 이 전에 존재했던 모든 블록의 암호화 증명(해시)을 나타내기 때문에 변경할 수 없다. 누군가가 당신에게 돈을 보내면, 그들은 당신에게 지불한 돈을 훔칠 수 없다.

암호화폐 위에 구축된 '스마트 계약'은 집행을 위해 법에 의존하는 것이 아니라 공개적으로 감사할 수 있는 코드를 통해 직접 집행되므로 신뢰할 수 있게 되고 잠재적으로 많은 비즈니스에서 중개인(예: 부동산 에스크로)을 제거할 수 있다.

4) 분산원장 보안(채굴)

트랜잭션의 분산 기록을 유지 관리하는 과제 중 하나는 보안이다. 특히 사기 행위를 방지하면서 공개적이고 편집 가능한 원장을 유지하는 방법이다. 이 문제를 해결하기 위해 비트코인은 거래의 공유 기록을 업데이트할 수 있는 "신뢰할 수 있는" 사람을 결정하기 위해 마이닝(합의 알고리즘 "작업 증명" 사용)이라는 새로운 프로세스를 도입했다.

마이닝은 트랜잭션을 레코드에 추가하려고 할 때 "Validators(검증인"가 자신의 검증기능을 입증하도록 강요하는 일종의 경제 게임으로 생각할 수 있다. 검증인은 자격을 갖추기 위해 일련의 복잡한 계산 퍼즐을 풀어야 한다. 먼저 퍼즐을 푸는 Validator는 최신 트랜잭션 블록을 게시할 수 있는 보상을 받는다. 최신 트랜잭션 블록을 게시하면 유효성 검사기가 정해진 비트코인의 블록 보상을 '채굴'할 수 있다.

이 프로세스는 매우 안전하지만, 사용자가 본질적으로 더 많은 비트코인을 벌어들이는 컴퓨팅 퍼즐을 풀기 위해 '돈을 태워야(소각)' 하기 때문에 엄청난 컴퓨팅 성능과 에너지 소비가 필요하다.

문제: 전력과 돈의 중앙집중화로 1세대 암호화폐에 손이 닿지 않는다.

비트코인 초기 거래를 확인하고 첫 번째 블록을 채굴하기 위해 일하는 사람이 소수에 불과했을 때, 누구나 개인 컴퓨터에서 비트코인 채굴 소프트웨어를 실행하기만 하면 일정량의 BTC를 벌 수 있었다. 비트코인이 인기를 얻기 시작하면서 영리한 채굴자들은 채굴할 컴퓨터가 두 대 이상 있으면 더 많은 돈을 벌 수 있다는 것을 깨달았다. 비트코인의 가치가 계속해서 증가함에 따라 전체 회사가 채굴에 뛰어들기 시작했다. 이 회사들은 특수 칩(ASICs)을 개발하고 이러한 ASIC 칩을 사용하여 비트코인을 채굴하는 거대한 채굴공장인 서버팜을 구축했다. 알려진 이 거대한 채굴 회사의 출현은 비트코인 Gold Rush를 주도하여 보통 사람들이 네트워크에 기여하고 보상을 받는 것을 매우 어렵게 만들었다. 그들의 노력은 또한 점점 더 많은 양의 컴퓨팅 에너지를 소비하기 시작하여 전 세계적으로 증가하는 환경

문제를 야기했다.

　비트코인 채굴의 용이성과 그에 따른 비트코인 채굴 공장의 부상은 비트코인 네트워크에서 생산력과 부를 대규모로 집중화했다. 모든 비트코인의 87%는 현재 네트워크의 1%가 소유하고 있으며, 이러한 코인 중 다수는 초기에 거의 무료로 채굴되었다. 또 다른 예로, 비트코인의 가장 큰 채굴 작업 중 하나인 비트메인은 수십억 달러의 수익과 이익을 얻었다.

　비트코인 네트워크의 중앙 집중화는 일반인에게 매우 어렵고 비용이 많이 든다.

　비트코인은 암호화폐가 어떻게 현재의 금융 모델을 혼란에 빠뜨릴 수 있는지를 처음으로 보여주었다. 자유, 유연성 및 개인정보 보호의 증가는 디지털 통화를 새로운 표준으로 향한 불가피한 행진을 계속 추진하고 있다. 그럼에도 불구하고 비트코인의 의도하지 않은 돈과 권력이 일부 권력있거나 부자층에 집중되었다. Pi의 핵심 팀은 사람들이 암호화폐 공간에 들어가기를 꺼리는 이유를 이해하기 위해 연구를 수행했다. 사람들은 일관되게 투자/채굴의 위험을 주요 진입 장벽으로 언급했다.

5) 솔루션: Pi - 휴대폰에서 채굴 가능

　이러한 주요 장벽을 파악한 후 Pi Core 팀은 일상적인 사람들이 채굴할 수 있는 방법을 찾기 시작했다. 다시 말해 트랜잭션의 분산 기록을 유지 관리할 때 발생하는 주요 문제 중 하나는 이 공개 기록에 대한 업데이트가 사기가 아닌지 확인하는 것이다.

비트코인의 기록 업데이트 프로세스는 입증되었지만 신뢰성을 증명하기 위한 고 에너지 소비형 채굴과정은 환경친화적이지 않다. Pi의 경우 사용자 친화적이고 더욱 이상적으로는 개인용 컴퓨터와 휴대폰에서 마이닝을 가능하게 하는 합의 알고리즘을 도입했다.

기존 합의 알고리즘(분산원장에 트랜잭션을 기록하는 프로세스)을 비교하면 Stellar Consensus Protocol(이하 SCP)이 사용자 친화적인 모바일 우선 마이닝을 가능하게 하는 주요 후보로 등장한다. SCP는 Stellar Development Foundation의 수석 과학자이기도 한 Stanford의 컴퓨터과학 교수인 David Mazières가 설계했다. SCP는 2015년부터 운영 중인 스텔라 블록체인을 통해서도 실전 배치되었다. Pi는 SCP와 '연합비잔틴동의'인 FBA(Federated Byzantine Agreement)[52]라는 알고리즘을 기반으로 한다.

6) 합의 알고리즘

Pi 합의 알고리즘을 소개하기 전에 합의 알고리즘이 블록체인에 대해 수행하는 작업과 오늘날의 블록체인 프로토콜이 일반적으로 사용하는 합의 알고리즘 유형(예: 비트코인 및 SCP)에 대한 간단한 설명이다.

블록체인은 트랜잭션 블록 목록을 완전하게 주문하는 것을 목표로 하는 내결함성 분산 시스템이다. 내결함성 분산 시스템은 수십년 동안 연구되어 온 컴퓨터과학 분야다. 그들은 중앙 집중식 서버가 없기 때문에 분산 시스템이라고 부르지만 대신 블록의 내용과 총 순서에 대해 합의해야 하는 분산된 컴퓨터 목록인 노드로 구성된다. 이 시스템은 어느 정도의 결함이 있는 노드를 허용할 수 있어서 내

결합성이라고도 한다(예: 최대 33%의 노드에 결함이 있어도 전체 시스템은 계속해서 정상적으로 작동함).

합의 알고리즘에는 크게 두 가지 범주가 있다. 노드를 다음 블록을 생성하는 리더로 선출하는 알고리즘과 명시적인 리더가 없지만 모든 노드가 투표를 교환한 후 다음 블록이 무엇인지에 대한 합의에 도달하는 알고리즘이다. 서로에게 컴퓨터 메시지를 보낸다. 엄밀히 말하면 마지막 문장에는 여러 부정확성이 포함되어 있지만, 대략적인 내용을 설명하는 데 도움이 된다.

비트코인은 첫 번째 유형의 합의 알고리즘을 사용한다. 모든 비트코인 노드는 암호화 퍼즐을 풀기 위해 서로 경쟁한다. 솔루션이 무작위로 발견되기 때문에 기본적으로 솔루션을 먼저 찾은 노드가 다음 블록을 생성하는 라운드의 리더로 선출된다. 이 알고리즘을 '작업 증명'이라고 하며 많은 에너지를 소비한다.

7) 스텔라 합의 프로토클 SCP

이러한 알고리즘은 에너지 낭비가 없지만, 노드가 다음 블록이 무엇인지에 대해 '합의'에 도달하기 위해 많은 네트워크 메시지를 교환해야 한다. 각 노드는 암호화 서명 및 거래 내역을 기반으로 전환 및 이중 지출 권한과 같은 거래가 유효한지를 독립적으로 결정할 수 있다. 그러나 컴퓨터 네트워크가 블록에 기록할 트랜잭션과 이러한 트랜잭션 및 블록의 순서에 동의하려면 서로에게 메시지를 보내고 합의에 도달하기 위해 여러 라운드의 투표를 거쳐야 한다. 직관적으로 어떤 블록이 다음 블록인지에 대한 네트워크의 메시지는 다음과 같을 것이다.

"다음 블록이 될 블록 A에 투표합니다."

"나는 내가 신뢰하는 노드의 대다수가 블록 A에도 투표했음을 확인합니다."

"합의 알고리즘을 통해 이 노드는 A가 다음 블록입니다. 다음 블록으로 A 이외의 블록이 있을 수 없습니다."

위의 투표 단계가 많아 보이지만 인터넷은 매우 빠르며 이러한 메시지는 가벼워서 그러한 합의 알고리즘은 비트코인의 작업 증명보다 가볍다. 이러한 알고리즘의 대표적인 것이 '비잔티움장애 허용'인 BFT(Byzantine Fault Tolerance)[53]이다.

오늘날 최고의 블록체인 중 일부는 NEO 및 Ripple과 같은 BFT의 변형을 기반으로 한다. BFT에 대한 주요 사항 중 하나는 중앙화 지점이 있다는 것이다. 투표가 포함되기 때문에 투표 "정족수"에 참여하는 노드 집합은 초기에 시스템 작성자에 의해 중앙에서 결정된다. FBA의 기여는 중앙에서 결정된 하나의 쿼럼을 갖는 대신 각 노드가 자체 "쿼럼 슬라이스"를 설정하여 차례로 서로 다른 쿼럼을 형성한다는 것이다. 새로운 노드는 분산된 방식으로 네트워크에 가입할 수 있다. 그들은 자신이 신뢰하는 노드를 선언하고 다른 노드가 자신을 신뢰하도록 설득하지만, 중앙 기관을 설득할 필요는 없다.

SCP는 FBA의 인스턴스화이다. 비트코인의 작업증명 합의 알고리즘처럼 에너지를 소모하는 대신 SCP 노드는 네트워크의 다른 노드를 신뢰할 수 있는 것으로 보증하여 공유 기록을 보호한다. 네트워크의 각 노드는 신뢰할 수 있는 것으로 간주하는 네트워크의 다른 노드로 구성된 쿼럼 슬라이스를 구축한다. 쿼럼은 구성원 쿼럼 슬라이스를 기반으로 형성되며 유효성 검사기는 쿼럼의 일부 노드가 트랜잭션을 수락하는 경우에만 새 트랜잭션을 수락한다. 네트워크 전체의 유효성 검사기가 쿼럼을 구성할 때 이러한 쿼럼은 노드가 보안을 보장하는 트랜잭션에 대한 합의에 도달하는 데 도움이 된다.

8) 파이는 스텔라 합의 프로토콜 위에 구현

Pi의 합의 알고리즘은 SCP(Stellar Consensus Protocol) 기반 위에 구축된다. SCP는 공식적으로 입증되었으며 현재 Stellar Network 내에서 구현되고 있다. 주로 회사와 기관(예: IBM)을 노드로 구성하는 Stellar Network와 달리 Pi는 휴대폰, 노트북, 컴퓨터 등 개인의 장치가 프로토콜 수준에서 기여하고 보상을 받을 수 있도록 되어 있다. 아래는 Pi가 SCP를 개인이 채굴할 수 있도록 적용하는 방법에 대한 소개다. Pi 사용자가 Pi 채굴자로서 수행할 수 있는 네 가지 역할이 있다.

- 파이오니어: 매일 "로봇"이 아님을 단순히 확인하는 Pi 모바일 앱의 사용자. 이 사용자는 앱에 로그인할 때마다 자신의 존재를 확인한다. 또한 거래를 요청하기 위해 앱을 열 수 있다(예: Pi에서 다른 파이오니어에게 결제하기)
- 기부자: 자신이 알고 신뢰하는 채굴자 목록을 제공하여 이바지하는 Pi 모바일 앱의 사용자 전체적으로 Pi 기여자는 글로벌 신

뢰 그래프를 구축한다.

- 대사: 다른 사용자를 Pi 네트워크에 소개하는 Pi 모바일 앱의 사용자이다.
- 노드: Pi 모바일 앱을 사용하는 선구자이자 기여자이며 데스크톱 또는 랩톱 컴퓨터에서 Pi 노드 소프트웨어를 실행하는 사용자다. Pi 노드 소프트웨어는 기여자가 제공한 신뢰 그래프 정보를 고려하여 핵심 SCP 알고리즘을 실행하는 소프트웨어이다.

사용자는 위의 역할 중 하나 이상을 수행할 수 있다. 모든 역할이 필요하므로 모든 역할은 주어진 날에 참여하고 이바지하는 한 매일 새로 생성된 Pi로 보상된다. 기여에 대한 보상으로 새로 발행된 통화를 받는 사용자인 "채굴자"의 느슨한 정의에서 네 가지 역할은 모두 Pi 채굴자로 간주한다. 우리는 비트코인이나 이더리움에서 작업 증명 합의 알고리즘을 실행하는 것과 같은 전통적인 의미보다 더 광범위하게 "채굴"을 정의한다.

9) 노드

올바르게 연결된 노드를 SCP에서 온전한 노드라고 정의한다. 가독성을 위해 Pi 네트워크의 모든 온전한 노드 집합을 기본 Pi 네트워크로 정의한다. 각 노드의 주요 작업은 메인 Pi 네트워크에 올바르게 연결되도록 구성하는 것이다. 기존 Stellar 합의 배치에 대한 Pi의 주요 기여는 Pi 노드가 기본 Pi 네트워크에 연결하기 위해 구성을 설정할 때 Pi 노드에서 사용할 수 있는 정보로 Pi 기여자가 제공하는 신뢰 그래프의 개념을 도입한다는 것이다.

쿼럼 슬라이스를 선택할 때 이러한 노드는 자체 보안 서클을 포함하여 기여자가 제공한 신뢰 그래프를 고려해야 한다. 이 결정을 지원하기 위해 우리는 노드를 실행하는 사용자가 가능한 한 정보에 입각한 결정을 내릴 수 있도록 지원하는 보조 그래프 분석 소프트웨어를 제공할 계획이다.

10) 모바일 앱 사용자

Pioneer가 주어진 트랜잭션이 실행되었는지 확인해야 할 때(예: Pi를 수신했는지) 모바일 앱을 연다. 그러면 모바일 앱은 하나 이상의 노드에 연결하여 트랜잭션이 원장에 기록되었는지 확인하고 해당 블록의 가장 최근 블록 번호와 해시값을 가져온다. 해당 Pioneer도 노드를 실행 중인 경우 모바일 앱은 해당 Pioneer의 자체 노드에 연결된다. Pioneer가 노드를 실행하지 않는 경우 앱은 여러 노드에 연결하고 이 정보를 교차 확인한다. 파이오니어는 앱을 연결할 노드를 선택할 수 있다. 그러나 대부분의 사용자를 위해 간단하게 만들려면 앱에 적절한 기본 노드 집합이 있어야 한다.

11) 채굴 보상

SCP 알고리즘의 아름다운 속성은 블록체인보다 더 일반적이라는 것이다. 노드의 분산 시스템에서 합의를 조정한다. 즉 동일한 핵심 알고리즘이 새 블록에 새 트랜잭션을 기록하기 위해 몇 초마다 사용될 뿐만 아니라 더 복잡한 계산을 주기적으로 실행하는 데에도 사용될 수 있다. 예를 들어, 일주일에 한 번 스텔라 네트워크는 이를 사용하여 스텔라 네트워크의 인플레이션을 계산하고 새로 발행된 토큰을 모든 스텔라 루멘 코인 보유자에게 비례적으로 할당한다. 비슷한 방식으로 Pi 네트워크는 하루에 한 번 SCP를 사용하여 특정 날짜에 적극적으로 참여한 모든 Pi 채굴자에 걸쳐 네트워크 전체의 새로운 Pi 분포를 계산한다. Pi에서는 하루에 한 번 이바지한 모든 사람이 새로운 Pi의 능력주의적 분배를 받기 때문에 채굴 풀이 필요하지 않다.

12) 거래 수수료

비트코인 거래와 마찬가지로 Pi 네트워크에서 수수료는 선택 사항이다. 각 블록에는 포함될 수 있는 트랜잭션 수에 대한 특정 제한이 있다. 트랜잭션의 잔고가 없을 때 트랜잭션은 무료인 경향이 있다. 그러나 더 많은 트랜잭션이 있는 경우 노드는 수수료가 가장 높은 트랜잭션을 맨 위에 정렬하고 가장 높은 트랜잭션만 선택하여 생성된 블록에 포함한다. 이것은 오픈마켓을 만든다.

구현시 요금은 하루에 한 번 노드 간에 비례적으로 분할된다. 모든 블록에서 각 트랜잭션의 수수료는 임시 지갑으로 전송되며 하루가 끝나면 그날의 활성 채굴자에게 배포된다. 이 지갑에는 알 수 없는 개인키가 있다.

13) 제한 사항 및 향후 작업

SCP는 이 글을 쓰는 시점에서 세계에서 9번째로 큰 암호화폐인 Stellar Network의 일부로 수년 동안 광범위하게 테스트 되었다. 이것은 우리에게 큰 확신을 준다. Pi 프로젝트의 야망 중 하나는 Pi 네트워크의 노드 수를 Stellar 네트워크의 노드 수보다 크게 확장하여 더 많은 일상 사용자가 핵심 합의 알고리즘에 참여할 수 있도록 하는 것이다. 노드 수를 늘리면 노드 간에 교환해야 하는 네트워크 메시지 수가 필연적으로 증가한다. 이러한 메시지는 이미지나 유튜브 비디오보다 훨씬 작고 오늘날의 인터넷은 비디오를 안정적으로 빠르게 전송할 수 있지만, 참여 노드의 수에 따라 필요한 메시지 수가 증가하여 합의에 도달하는 속도에 병목 현상이 발생할 수 있다. 이것은 궁극적으로 새로운 블록과 새로운 트랜잭션이 네트워크에 기록되는 속도를 늦출 것이다. 다행히 Stellar는 현재 비트코인보다 훨씬 빠르다. 현재 Stellar는 3~5초마다 새 블록을 생성하도록 조정되어 있어 초당 수천 건의 트랜잭션을 수행할 수 있다.

14) 비트코인의 희소성과 접근성의 균형

고정 공급의 장점

비트코인의 가장 인상적인 혁신 중 하나는 분산 시스템과 경제 게임 이론의 결합이다. 비트코인의 경제 모델은 간단하다. 2,100만 비트코인만 존재할 것이다. 이 번호는 코드에서 설정된다. 전 세계 75

억 명의 사람들 사이에서 유통되는 비트코인은 2,100만 개뿐이므로 돌아다니기에 충분한 비트코인이 없다. 이 희소성은 비트코인 가치의 가장 중요한 요인 중 하나이다.

블록 보상 감소

비트코인의 분배 체계는 이러한 희소성을 더욱 강화한다. 비트코인 블록 채굴 보상은 210,000 블록마다(약 4년마다) 반으로 줄어든다. 초기에 비트코인 블록 보상은 50코인이었다. 이제 보상은 12.5개이며 2020년 5월에는 6.25개로 더 줄어들었다. 비트코인의 유통률 감소는 통화에 대한 인식이 높아져도 실제로 채굴할 수 있는 것이 적다는 것을 의미한다.

단점

비트코인의 역분배 모델(처음에는 더 적은 사람들이 더 많이 벌고, 오늘날 더 많은 사람들이 덜 번다)이 고르지 않은 분배의 주요 원인 중 하나이다. 몇몇 얼리어답터의 손에 너무 많은 비트코인이 있어서 새로운 채굴자들은 더 적은 비트코인으로 더 많은 에너지를 허비하고 있다.

비축은 교환 매체로 사용 금지

비트코인이 "피어 투 피어 전자 현금" 시스템으로 출시되었지만, 비트코인의 상대적 희소성으로 인해 비트코인의 중간 교환 역할을 하는 목표를 방해했다. 비트코인의 희소성으로 인해 "디지털 금" 또는 디지털 가치 저장소의 한 형태로 인식되었다. 이러한 인식의 결과는 많은 비트코인 보유자들이 비트코인을 일상적인 비용으로 지출하기를 꺼린다는 것이다.

Pi 경제 모델

반면에 Pi는 Pi에 대한 희소감을 조성하는 동시에 매우 적은 수의 손에 많은 양이 축적되지 않도록 균형을 잡으려고 한다. 우리는 사용자들이 네트워크에 기여함에 따라 더 많은 Pi를 얻기를 원한다. Pi의 목표는 이러한 우선순위를 달성하고 균형을 맞출 수 있을 만큼 매우 정교하면서도 사람들이 사용할 수 있을 만큼 경제 모델을 구축하는 것이다.

전 세계 인구를 위해 고정된 코인 공급량을 생성한 비트코인과 달리 Pi는 최대 1억 명의 참가자까지 네트워크에 참여하는 각 사람에 대해 고정된 Pi 공급량을 생성한다. 즉 Pi 네트워크에 가입하는 각 사용자에 대해 고정된 양의 Pi가 미리 발행된다. 그다음 이 공급은 참여 수준과 네트워크 보안에 대한 기여도에 따라 해당 회원의 수만큼 공개된다. 공급은 회원수에 맞게 비트코인과 유사한 반감기능으로 감소하는 기능을 사용하여 출시된다.

15) Pi의 효용: 온라인 시간 풀링 및 수익 창출

오늘날 모든 사람은 미개발 자원의 진정한 보물 창고에 앉아 있다. 우리 각자는 하루 종일 휴대폰으로 몇 시간을 보낸다. 휴대폰을 사용하는 동안 조회, 게시물 또는 클릭은 대기업에 엄청난 이익을 창출시켜준다. Pi에서는 사람들이 자신의 리소스에서 생성된 가치를 포착할 권리가 있다고 믿는다.

우리 모두는 혼자 할 수 있는 것보다 함께 할 때 더 많은 일을 할 수 있다는 것을 안다. 오늘날의 웹에서 Google, Amazon, Facebook과 같은 거대 기업은 개인 소비자에 대해 막대한 영향력을 행사한다. 결과적으로 그들은 웹에서 개별 소비자가 창출한 가치의 대부분을 차지할 수 있다. Pi는 구성원이 공동 리소스를 풀링하여 자신이 창출한 가치를 공유할 수 있도록 함으로써 경쟁의 장을 평준화한다.(Web3 정신을 준수)

16) 로드맵/배포 계획

1단계 - 설계, 배포, 트러스트 그래프

Pi 서버는 분산 시스템의 동작을 에뮬레이트-emulate하는 통로로 작동한다. Emulator란 '경쟁자', '모방자'라는 뜻의 영어다. 컴퓨터 과학용어로써의 '에뮬레이터'는 다른 프로그램이나 장치를 모방하는 컴퓨터 프로그램 또는 전자기기를 가리키는 말. 다시 말해서 에뮬레이터는 하드웨어 기반일 수도, 소프트웨어 기반일 수도 있다. 지원되지 않는 하드웨어에서 소프트웨어를 실행하기 위하는 목적으로 널리 쓰인다.(나무위키)

이 단계에서 사용자 경험과 행동의 개선이 가능하며 메인넷의 안정적인 단계에 비해 비교적 쉽게 만들 수 있다. 사용자에 대한 모든 코인 발행은 라이브 넷이 시작되면 라이브 넷으로 마이그레이션 된다. 즉 라이브넷은 1단계에서 생성된 모든 계정 보유자 잔액을 제네시스에서 미리 차단하고 현재 시스템처럼 계속 운영되지만 완전히 분산된다. Pi는 이 단계에서 거래소에 상장되지 않으며 다른 통화로 Pi를 "구매"하는 것은 불가능하다.

2단계 – 테스트넷

메인넷을 출시하기 전에 Node 소프트웨어는 테스트넷에 배포된다. 테스트넷은 메인넷과 동일한 정확한 신뢰 그래프를 사용하지만, 테스트 Pi 코인에 사용한다. Pi 코어 팀은 테스트 넷에서 여러 노드를 호스팅하지만 더 많은 파이오니어가 테스트넷에서 자체 노드를 시작하도록 장려할 것이다. 실제로 모든 노드가 메인넷에 합류하기 위해서는 테스트넷에서 시작하는 것이 좋다. 테스트 넷은 1단계에서 Pi 에뮬레이터와 병렬로 실행되며 주기적으로(예: 매일) 두 시스템의 결과를 비교하고, 테스트 넷의 차이와 누락을 포착하여 Pi 개발자가 제안하고 구현할 수 있다. 커뮤니티가 준비되었다고 느낄 때 두 시스템의 철저한 동시 실행 후 테스트넷은 결과가 에뮬레이터의 결과와 일관되게 일치하는 상태에 도달하게 된다.

3단계 – 메인넷

커뮤니티가 소프트웨어의 생산 준비가 되었다고 느끼고 테스트넷에서 철저히 테스트 되면 Pi 네트워크의 공식 메인넷이 시작된다. 중요한 세부 사항은 메인넷으로의 전환에서 고유한 실제 개인에 속하는 것으로 확인된 계정만 인정된다는 것이다. 이 시점 이후에는 1단계와 Pi 네트워크 에뮬레이터가 종료되고 시스템은 영원히 자체적으로 계속 운용된다. 프로토콜에 대한 향후 업데이트는 Pi 개발자 커뮤니티와 Pi의 핵심 팀이 기여하고 위원회에서 제안할 것이다. 구현 및 배포는 다른 블록체인과 마찬가지로 채굴 소프트웨어를 업데이트하는 노드에 따라 달라진다. 어떤 중앙 기관도 통화를 통제하지 않을 것이며 완전히 분산될 것이다. 가짜 사용자 또는 중복 사용자의 잔액은 폐기된다.

2. 2021년 12월백서

1) 토큰 모델 및 마이닝

건전한 토큰 설계는 암호화폐 네트워크의 성공에 매우 중요하다. 그것은 네트워크 형성과 성장을 부트스트랩(bootstrap)하고 유틸리티 중심의 생태계를 구축하여 그러한 시스템을 뒷받침하는 암호화폐를 지원하기 위한 인센티브를 창출할 수 있는 잠재력을 가지고 있다.

여기서 부트스트랩이란 표본 재추출에는 여러 방법이 있는데, 전체 관측 값들 중 일부를 뽑아 통곗값을 측정하는 과정을 여러 번 반복하는 방식을 부트스트래핑이라고 한다. 브래들리 에프론(Bradley Efron, 1938-)이 처음 제시하였다.

네트워크가 인센티브를 제공하는 것은 네트워크 성장 또는 기본 기반 유틸리티 생성, 단순한 가치 저장소 또는 암호화 생태계를 위한 교환 매체와 같이 네트워크에 필요한 것에 대해 많은 것을 말해준다. 이 장에서는 Pi의 공급과 파이오니어가 네트워크의 여러 단계에서 Pi 를 채굴하는 방법, 네트워크를 구축 및 성장시키고 유틸리티 기반 생태계의 생성을 장려하는 등 다양한 채굴 메커니즘에 대한 기본 설계 근거를 다룬다. Pi는 자체 블록체인에서 실행되는 레이어 1 암호화폐 이다.

2) 파이 공급

Pi Network의 비전은 세계에서 가장 널리 사용되는 암호화폐인 Pi를 기반으로 세계에서 가장 포괄적인 P2P 생태계와 온라인 경험을 구축하는 것이다. 이 비전을 실현하려면 블록체인의 보안과 장기적인 네트워크 인센티브를 유지하면서 네트워크를 성장시키고 Pi에 널리 액세스할 수 있도록 하는 것이 중요하다. 이러한 목표는 항상 토큰 공급 모델과 마이닝 설계의 기준이 되었다. 네트워크 성장을 촉진하고 Pi를 널리 배포하는 데 초점을 맞춘 메인넷 이전 단계와 메인넷 단계는 생태계에 필요한 더 다양한 형태의 파이오니어 기여에 대한 보상에 초점을 맞출 것이다.

3) 메인넷 이전 공급

초기 단계에서 Pi Network의 초점은 네트워크 성장 및 보안에 있었다. 중요한 참여자 수를 구축하기 위한 부트스트래핑(bootstrapping) 은 모든 네트워크 및 생태계에서 가장 중요하다. Pi를 세계에서 가장 널리 사용되는 암호화폐로 만들겠다는 비전에 힘입어 Pi를 배포하고 전 세계적으로 액세스할 수 있게 하여 성장에 중점을 두었다. Pi의 합의 알고리즘은 개별 파이오니어의 Security Circles에서 집계되는 글로벌 신뢰 그래프에 의존한다. 따라서 Pioneers가 개별 Security Circle을 형성하도록 장려하는 것이 중요했다. 이는 메인넷 이전에 명시적으로 제한되지 않은 채굴 보상으로 사용할 수 있는 토큰 공급을 의미한다.

동시에 장기적인 네트워크 인센티브를 유지하는 것이 중요하다. 네트워크는 네트워크 크기가 10배 증가할 때마다 네트워크 마이닝 속도가 반감되는 마이닝 메커니즘을 채택하여 참여 파이오니아의 다양한 이정표에 도달할 때 일련의 반감 이벤트를 발생시킨다. 이 모델을 기반으로 하는 다음 반감 이벤트는 네트워크가 1억 명의 참여 파이오니어에 도달할 때이다. 현재 우리는 4,500만 명이 넘는 Engaged Pioneers를 보유하고 있다. 또한 네트워크가 특정 크기에 도달하는 경우 모든 채굴을 완전히 중지할 수 있는 옵션을 유지했지만, 아직 결정되지 않았다. Pi의 공급량을 제한하는 옵션은 메인넷 이전에 실행되지 않았으므로 총공급량이 정의되지 않은 상태로 남는다.

접근성, 성장 및 보안에 맞춘 마이닝 메커니즘을 갖춘 메인넷 이전 공급 모델은 수백만 개의 서로 얽힌 보안 서클과 함께 3천만 명이 넘는 참여 파이오니어 커뮤니티를 부트스트랩 했다. 휴대 전화에서 Pi를 채굴할 수 있는 간단하고 접근 가능한 수단은 자본, 지식 또는 기술 부족으로 인해 암호화 혁명에서 제외된 인구를 포함하여 전 세계적으로 토큰을 널리 배포하는 데 도움이 되었다. 그렇게 함으로써 네트워크는 비트코인 및 기타 암호화폐에서 명백히 드러나는 극단적인 토큰 집중을 피하고 유틸리티 생성을 위한 충분한 양의 참여자와 거래가 있는 진정한 P2P 분산형 생태계가 될 준비를 했다.

4) 메인넷 공급

공급은 성장을 촉진하고 유기적으로 실행 가능한 생태계를 달성하기 위해 네트워크에 필요한 기여를 장려한다. 이를 위해 마이닝 보상은 메인넷 이후에도 계속될 것이지만, 아래 마이닝 섹션에서 설명할 다양한 유형의 기여를 장려하기 위해 다양한 형태를 취할 것이다. 공급과 관련하여, 네트워크의 접근성과 성장을 위해 최적화된 메인넷 이전 채굴 메커니즘으로 인해 결정되지 않은 공급은 계획의 예측 불가능성, 다양한 유형의 과잉 보상 및 과소 보상을 포함하여 메인넷 단계에 몇 가지 문제를 제시한다. 새로운 단계에서 필요한 기여 및 장기적인 네트워크 인센티브 유지에 대한 과제를 해결하기 위해 메인넷 이전 공급 모델의 계획에 대한 예측 불가능성 문제는 2020년 9월~10월 Pi Network의 첫 번째 COiNVENTION에서 표면화되었으며, 여기서 커뮤니티 패널과 커뮤니티 제출은 당시 천만 네트워크 크기에서 채굴을 절반으로 줄여야 하는지 아니면 중지해야 하는지 논의했다. 커뮤니티 구성원들의 다양한 목소리는 네트워크에 다음과 같은 딜레마를 제시했다.

메인넷 이전에 진행 중인 채굴 메커니즘을 기반으로 채굴이 계속

된다면 Pi의 장기적인 네트워크 인센티브 제공 능력에 대한 우려가 제기되었다. 그러나 채굴이 중단되면 네트워크의 성장을 저해하고 새로운 Pioneer가 채굴자로 네트워크에 합류하는 것을 방지하여 Pi의 접근성을 약화할 것이다. 네트워크가 공급에 대한 우려를 해결하면서 커뮤니티가 지속적인 성장과 접근성을 달성하는 방법은 메인넷 토큰 모델 설계에서 고려되는 주요 요소 중 하나이다.

또한 정의되지 않고 예측할 수 없는 총공급량으로 인해 전체 네트워크 토큰 계획을 세우기가 어렵다. 집단으로서의 커뮤니티와 생태계 자체가 마이닝 외에 커뮤니티와 생태계 전체에 이익이 되는 목적으로 일부 Pi를 사용해야 하기 때문이다. 거의 모든 다른 블록체인 네트워크에서 알 수 있듯이 개인에 대한 보상으로 이러한 집단적 커뮤니티 목적을 위한 명확한 할당을 정의해야 한다. 따라서 현재 3천만 개 이상의 파이오니어 네트워크 규모와 향후 예상되는 거래 및 활동량을 고려할 때 메인넷 공급 모델은 공급의 예측 불가능성에 대한 우려를 제거하면서 지속적인 성장과 새로운 기여에 대한 인센티브를 허용하는 최대 총공급량은 1,000억 Pi이다.

공급과 분배는 2019년 3월 14일 백서의 원래 분배 원칙을 존중한다. Pi 커뮤니티는 Pi에 얼마나 많은 순환 공급이 있는지에 관계없이 Pi의 총 순환 공급의 80%를 가지고 Pi Core 팀은 20%를 가진다. 따라서 특정 시점의 네트워크에서 총 최대 공급량이 1,000억 Pi인 경우 커뮤니티는 결국 800억 Pi를 받게 되고 코어 팀은 200억 Pi를 받게 된다. 다음 파이 차트는 전체 분포를 보여준다.

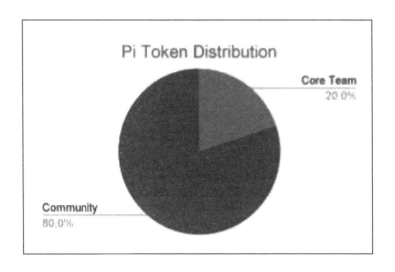

코어 팀의 할당은 커뮤니티가 점점 더 많은 Pi를 점진적으로 채굴하는 것과 동일한 속도로 잠금 해제되며 자체 부과 명령을 통해 추가 잠금이 적용될 수 있다. 위의 분포는 Pi Network에 ICO 할당이 없으며 Pi의 크라우드 펀딩 판매 유형을 실행하지 않음을 보여준다. 따라서 판매 또는 상장을 위해 Pi Network 또는 그 설립자를 사칭하는 것은 불법이고 승인되지 않은 가짜이다. 이러한 사칭자는 Pi Core 팀과 관련이 없다. 파이오니아는 모든 사기에 주의하고 참여하지 말아야 한다. Pi는 생태계에 이바지함으로써 자유롭게 채굴할 수 있다. 또한, 채굴된 모든 Pi는 메인넷 대시보드를 통해 Pi 앱 내부에서만 청구한 다음 Pi 지갑으로 전송할 수 있다. Pioneers에게 다른 방법으로 Pi를 청구하도록 요청하는 모든 웹사이트는 가짜이다.

650억 Pi는 과거 채굴과 미래 채굴 등 모든 채굴 보상에 할당된다. 과거 마이닝 보상의 경우 지금까지(메인넷 이전) 모든 파이오니어가 채굴한 Pi의 대략적인 합계는 약 300억 Pi이다. 그러나 가짜계정에서 Pi의 마이그레이션을 금지한 후 KYC의 속도와 참여에 따라 사전 Open Network 초기에 채굴된 Pi는 100억에서 200억 사이로 추정할 수 있다. 마이닝 보상을 위한 650억 Pi 공급의 나머지 금액은 개념적 연간 공급 제한이 있는 새로운 메인넷 마이닝 메커니즘을 통해 파이오니어에게 분배된다. (아래 "KYC가 메인넷 보상에 미치는 영향" 및 "KYC 검증 및 메인넷 잔액 이전" 하위 섹션에서 설명)

이러한 연간 공급 한도는 감소 공식에 따라 결정된다. 연간 한도는 잠금 비율 및 당시 네트워크의 나머지 공급과 같은 요인에 따라 날짜 또는 더 작은 시간 단위와 같이 보다 세분화된 기준으로 계산될 수 있다. 세분화된 시간 에포크(epoch)를 기반으로 한 이러한 공급 한도 계산은 시간이 지남에 따라 더욱 우수하고 원활한 할당 곡선을 달성하는 데 도움이 된다.

여기서 Epoch는 '에포크'라고 읽는데, 뜻은 전체 데이터셋을 학습한 횟수를 의미한다. 사람이 문제집으로 공부하는 상황을 다시 예로 들어보면, Epoch는 문제집에 있는 모든 문제를 처음부터 끝까지 풀고, 채점까지 마친 횟수를 의미합니다.

메인넷에서 파이오니어는 네트워크의 성장과 보안에 대한 지속적인 기여에 대해 보상을 받게 된다. 네트워크가 앱 사용, 노드 운영 및 Pi 락업과 관련하여 더 다양하고 심층적인 기여에 따라 Pioneer 보상이 더욱 다양해진다. Pre-Mainnet Pioneers는 네트워크의 성장과 수명을 보장하기 위해 네트워크에 합류하는 모든 신규 구성원과 함께 Mainnet 마이닝 보상에서 Pi와 마이닝에 계속 이바지할 수 있을 것이다.

100억 Pi는 향후 비영리 재단에서 관리할 커뮤니티 조직 및 생태계 구축을 위해 예약된다. 대부분의 탈중앙화 네트워크나 암호화폐는 탈중앙화되더라도 여전히 커뮤니티를 구성하고 생태계의 미래 방향을 설정하기 위한 조직이 필요하다.

예를 들어 이더리움과 스텔라. 미래의 Pi 재단은 다음과 같은 일을 한다.

(1) 개발자 컨벤션, 글로벌 온라인 이벤트 및 지역 커뮤니티 회의와 같은 커뮤니티 이벤트를 조직 및 후원하고,

(2) 자원봉사자와 위원회 구성원을 구성하고, 커뮤니티 구축에 전념하는 정규직 직원에게 급여를 지급

(3) 커뮤니티의 의견 및 피드백 수집

(4) 향후 커뮤니티 투표 구성

(5) 브랜딩 구축 및 네트워크 평판 보호

(6) 정부, 전통 은행 및 전통 기업을 포함한 다른 사업체와 상호작용하기 위해 네트워크를 대표하거나,

(7) Pi 커뮤니티 및 생태계의 개선을 위해 많은 책임을 이행한다.

(8) 유틸리티 기반의 Pi 생태계를 구축하기 위해 다양한 커뮤니티 개발자 프로그램을 재단에서 설계, 생성 및 수행하여 보조금,

인큐베이션, 파트너십 등의 형태로 커뮤니티 개발자를 지원한다.

50억 Pi는 파이오니어 및 Pi 앱 개발자를 포함한 모든 생태계 참가자에게 유동성을 제공하기 위해 유동성 풀용으로 예약된다. 유동성은 생태계가 실행 가능하고 활동적이며 건강하게 발전하기 위한 핵심요소이다. 기업이나 개인이 생태계 활동(예: Pi에서 상품 및 서비스 판매 및 구매)에 참여하려면 Pi에 적시에 액세스할 수 있어야 한다. 유동성이 없으면 생태계는 Pi의 건강한 흐름을 갖지 못하므로 유틸리티 생성에 해를 끼치게 된다.

메인넷의 폐쇄형 네트워크 기간의 한 가지 이점은 초기 메인넷 결과를 기반으로 토큰 모델에 대한 보정을 허용하는 것이다. 따라서 오픈 네트워크 기간이 시작되기 전에 토큰 모델이 조정될 수 있다. 또한 향후 네트워크와 생태계의 건전성을 위해 네트워크는 1,000억 Pi의 분배가 완료된 후 인플레이션이 필요한지와 같은 질문에 직면할 수 있다. 인플레이션은 더 많은 채굴 보상을 통해 기여를 더욱 장려하고, 사고 또는 사망으로 인해 순환에서 손실된 Pi를 보상하고, 더 많은 유동성을 제공하고, 사용 및 유틸리티 생성을 방해하는 비축을 완화하는 등의 조건에 필요하다.

5) 채굴 메커니즘

Pi Network의 마이닝 메커니즘은 Pioneer가 네트워크의 성장,

배포 및 보안에 기여하고 Pi로 보상을 받을 수 있도록 했다. Pre-Mainnet 마이닝 메커니즘은 네트워크가 3,500만 명 이상의 참여 회원, 널리 분산된 통화 및 Testnet, Pi 블록체인의 합의 알고리즘을 공급할 Security Circle 집합체의 신뢰 그래프의 성장을 달성하는 데 도움이 되었다.

메인넷 단계를 내다보는 Pi Network는 성장과 포용을 지속하면서 진정한 생태계가 되기 위해 모든 구성원의 다양한 유형의 기여뿐만 아니라 추가 기여가 필요하다. 메인넷 단계에서 우리는 성장, 포용 및 보안 외에도 탈중앙화, 유틸리티, 안정성 및 건강한 발전 목표를 확실하게 달성하고자 한다. 이러한 목표는 네트워크의 모든 파이오니어가 함께 협력할 때만 달성할 수 있다. 따라서 새로운 Pi 마이닝 메커니즘은 모든 파이오니어가 동일한 능력주의 원칙에 따라 네트워크에 다양하게 기여하도록 장려함으로써 이러한 목표를 달성하도록 설계되었다. 그리고 메인넷 채굴 공식은 2021년 12월 28일에 시작된 로드맵의 폐쇄형 메인넷 기간인 2022년 3월에 발효되었다.

보안 서클 보상

Pi의 합의 알고리즘은 개별 파이오니어의 수백만 개의 서로 얽힌 보안 서클에서 집계된 글로벌 신뢰 그래프에 의존한다. 따라서 Pioneer는 각각의 새롭고 유효한 Security Circle 연결(최대 5개의 연결)에 대해 시간당 추가 Pi로 보상을 받았다. Security Circle은 Pi 블록체인 보안의 핵심이므로 Security Circle 보상은 두 가지 방식으로 총 Pioneer 채굴률을 높였다.

개별 Pioneer 기본 마이닝 비율(I)에 직접 추가하여 추천 팀 보상이 있는 경우 이를 강화한다. 실제로 전체 보안 서클(최소 5개의 유효한 연결 포함)은 개별 파이오니어 기본 채굴률과 추천 팀 보상을 두 배로 늘렸다.

추천 팀 보상

파이오니어는 다른 사람을 Pi Network에 가입하도록 초대하고 추천 팀을 구성할 수 있다. 초대한 사람과 초대받은 사람은 추천 팀 보너스 보상을 동등하게 공유하게 된다. 즉 두 사람이 동시에 채굴할 때마다 각자의 개별 파이오니어 기본 채굴률이 25% 증가한다. 파이오니어들은 동시에 채굴하는 각 추천 팀 구성원과 함께 시간당 더 많은 Pi를 채굴했다. 이 추천 팀 보상은 네트워크 성장과 Pi 토큰 배포에 대한 파이오니어의 기여를 인정했다.

Pioneer는 언제 Pi를 잠글 수 있는가? Pioneer는 Pi 앱의 전체 계정 설정으로 원할 때 언제든지 잠금 기간과 양도 가능한 잔액의 잠금 비율을 결정할 수 있다. KYC를 받거나 메인넷으로 마이그레이션할 준비가 되기 전에 이러한 설정을 미리 선택할 수도 있다. 그들과 그들의 추천 팀/보안 서클이 KYC를 통과하면 더 많은 모바일 잔액 코인을 옮길 수 있게 된다. 양도 가능한 잔액을 메인넷으로 마이그레이션하는 순간 미리 선택한 잠금 기간 및 백분율 설정이 전송된 잔액에 자동으로 적용되어 메인넷에 두 가지 유형의 잔액이 생성된다. 메인넷 블록체인에 기록되고 동시에 Pioneer의 비 수탁 Pi 지갑에 표시된다. 따라서, 잠금은 일단 확인되면 되돌릴 수 없으며 블록체인의 특성으로 인해 선택한 기간 전체 동안 잠금 상태를 유지해야 한다. 이 Pioneer의 락업 설정에 대한 모든 변경 사항은 메인넷으로 다음 잔액을 이체하는데 적용된다.

이 계정 전체 잠금 설정을 통해 파이오니아는 모바일에서 메인넷으로 이전 가능한 잔액의 최대 100%를 잠글 수 있다. 메인넷이 출시되고 파이오니어가 잔액을 전송한 후 파이오니어는 나중에 약간 다른 잠금 인터페이스를 통해 메인넷에서 직접 더 많은 Pi를 잠글 수 있다. 이때 파이오니어는 이전 마이닝에서 획득한 이미 이전된 메인넷 잔액의 최대 200%를 잠글 수 있다. Pioneer가 개별적으로 채굴한 것보다 더 많은 Pi에 대한 추가 락업 허용량은 유틸리티 기반 Pi 앱 거래에서 나올 수 있다. 즉 상품 및 서비스 판매에서 Pi를 만드는 것이다.

앱 사용 보상

Pi Network의 가장 중요한 목표는 앱 생태계를 통해 Pi 암호화폐로 지원되는 포괄적인 P2P 생태계와 온라인 경험을 구축하는 것이다. 따라서 Pioneer들은 Pi Directory의 생태계 앱 및 타사 앱을 포함하여 Pi 브라우저를 통해 Pi 앱 플랫폼에서 Pi 앱을 사용하는 것에 대한 추가 마이닝 보상을 받게 된다. Pioneer에 대한 앱 사용 보상은 두 가지 방식으로 생태계를 돕는다.

첫째, Pi 앱 개발자에게 시장 접근 권한을 부여하고 앱에 대한 보상을 높일 것이다. Pi 앱 개발자는 블록체인 산업에서 실행 가능한 분산 응용 프로그램을 만드는 데 가장 큰 장벽 중 하나인 Pioneer로부터 사용 및 제품 반복 기회를 얻게 된다. 분산 응용 프로그램(dApp) 개발자는 소비자 유틸리티를 만들기 위해 소비자 제품을 테스트하고 연마할 수 있는 풍부하고 안정적인 유틸리티를 추구하는 소비자 시장 환경을 아직 가지고 있지 않다. Pi Network의 앱 플랫폼과 앱 사용 보상은 dAapp 개발자에게 해당 환경을 제공하기 위한 것이다.

둘째, 증가된 사용량은 잠재적으로 Pi 앱에서 Pioneer의 Pi 지출 증가로 이어질 것이다. 노출은 앱 사용 보상을 통해 인센티브를 받지만, Pi의 지출은 그렇지 않다. 이제 Pioneers가 실제로 앱에 머물고 Pi를 사용할지를 결정하는 것은 제품과 앱이 얼마나 유용하고 매력적인가이다. 이 프레임워크는 이러한 앱이 제품 품질과 유용성을 기반으로 경쟁할 수 있도록 보장하여 궁극적으로 최고의 앱이 등장하고 생태계에 머물도록 한다.

위의 두 가지 메커니즘을 통해 앱 사용 보상은 Pi 앱을 방문하는 파이오니어들 사이에서 외적 인센티브에서 내재적 동기로 점진적으로 전환하고, 궁극적으로 유틸리티 기반 생태계를 부트스트랩하기 위해 Pi 앱의 인센티브 사용에서 유기적 사용으로 전환하는 것을 목표로 한다.

일반적으로 앱 사용 보상 공식은 두 가지 요소, 즉 앱 사용 시간과 사용된 앱 수를 고려하며 장기적으로 앱 사용 기록을 인정하고 악용을 피하려고 보상을 제한한다. 공식에는 두 가지 주요 부분이 있다. 첫 번째 부분은 마지막 마이닝 세션(예: 전날)에서 각 앱에서 파이오니어가 보낸 시간을 집계한다. 대수 함수는 보상이 감소하는 양의 함수를 제공한다. 즉 어느 한 앱에서 보내는 시간이 증가하면 일반적으로 보상이 증가하지만, 보상에 걸리는 시간의 긍정적인 효과는 더 많은 시간을 보낼수록 감소한다. 이 설정은 Pioneers가 일반적으로 여러 다양한 앱에 더 많은 시간을 할애하도록 장려하여 네트워크가 다양한 유틸리티 생성을 부트스트랩 하도록 돕는다.

앱 사용 보상 공식의 두 번째 부분은 Pioneer의 다양한 기간 동안 모든 앱에서 보낸 일일 평균 시간을 살펴본다. 그 기간이 더 오래될수록 가중치가 줄어든다. 즉 Pioneer는 Pi 앱을 더 오래 사용할수록 더 많은 Pi를 채굴하지만, 그들이 앱에 사용한 최근시간은 더 과거에 사용한 이전 시간보다 채굴이 더 많이 반영된다. 또 실제로 Pioneer가 마지막 마이닝 세션에서 Pi 앱을 사용한 경우에만 앱 사용 내역이 현재 마이닝 보상에 적용된다. 이는 과거 사용에 대해서만 소극적인 보상이 없음을 의미한다. 여기서 주목할 만한 시사점은 지난 2년 동안 파이오니어를 안내하고 Pi 채팅에서 바람직하지 않은 활동을 모니터링 하는 것을 도와온 Pi채팅 중재자들이 메인넷이 시작할 때 더 높은 비율로 앱 사용 보상을 채굴할 것이라는 것이다.

노드 보상

다른 블록체인과 마찬가지로 노드는 Pi 분산화의 핵심이다. Pi에서는 중앙 집중식 기관 노드에 의존하는 대신 인터넷에 연결된 컴퓨터가 있는 모든 파이오니어에게 노드를 개방하기로 했다. 모바일 앱의 개별 파이오니어 보안 서클에서 집계된 글로벌 신뢰 그래프의 도움을 받아 이러한 노드는 합의 알고리즘을 실행하여 거래를 검증하고 블록을 처리한다. 노드는 Pi 블록체인의 분산화, 보안 및 수명에 매우 중요하기 때문에 노드 운영 파이오니어는 추가 채굴 보상을 받게 된다.

장기간에 걸쳐 예측할 수 있게 실행되는 신뢰할 수 있는 노드를 보유하는 것은 블록체인의 상태에 매우 중요하다. 그것은 하나의 기여가 아니다. 따라서 가동 시간 계수, 포트 개방 계수 및 CPU 계수는 모두 다양한 기간에 대해 계산되며, 더 최근 기간의 값이 더 먼 과거의 동일한 길이 기간보다 더 큰 가중치를 갖는다. 그러나 노드 보상은 이전 마이닝 세션의 가동 시간 요소의 배수이다. 따라서 파이오니어는 해당 노드가 바로 전날 전체 동안 비활성 상태였으면 해당 마이닝 세션에서 노드 보상을 받지 못한다. 앱 사용 보상과 마찬가지로 Node 운영자로서 과거 기여도에 대한 소극적인 보상은 없다.

6) KYC가 메인넷 보상에 미치는 영향

파이오니어가 KYC를 완료하려면 6개월의 롤링 유예 기간이 있다. 그 후, 롤링 6개월간 창밖에서 채굴된 Pi는 메인넷으로 이전할 수 없으며 대신 아래에서 설명하는 것처럼 Pioneer 채굴 보상으로 재할당된다. 6개월간 창밖에서 채굴된 Pi의 보유는 KYC를 통과하거나 KYC 정책이 변경될 때까지 무기한 지속된다. 이 KYC 창 마이닝 프레임워크는 KYC 솔루션이 향후 모든 적격 파이오니어에게 일반적으로 제공될 때만 시작되며 사전에 커뮤니티에 발표된다. 6개월 제한은 메인넷을 시작할 때 즉시 적용되지 않는다. 소셜 네트워크 기반 마이닝에서 진정한 인간 실질 인격체의 중요성 때문에 KYC를 통과한 파이오니어만이 잔액을 블록체인으로 옮길 수 있다. 우리의 목표는 가능한 한 많은 진정한 파이오니어가 KYC를 통과하도록 하는 것이다. 아래에 자세히 설명된 대로 6개월 기간은 다음과 같은 중요한 목적을 수행한다.

파이오니어에게 KYC를 통과할 수 있는 충분한 시간을 제공하는 것과 KYC를 통과할 수 있는 충분한 긴급성을 만드는 것 사이의 균형을 유지한다. 6개월의 KYC 유예 기간을 초과하는 확인되지 않은 Pi가 메인넷으로 마이그레이션되는 것을 방지하고 대신 Pioneer 마이닝을 위해 할당된 Pi 전체 공급 한도 내에서 다른 KYC'ed Pioneer가 마이닝할 수 있도록 한다.

KYC 스팸 및 남용 제한

(아래에서 KYCing 신규 회원의 30일 지연 참조)
파이오니어가 제 시간에 KYC를 통과하지 못하면 메인넷 잔액과 보안 서클 및 추천 팀에 있는 다른 파이오니어의 잔액 이전이 지연된다. 메인넷에 잔액이 없으면 Pioneers는 Pi 앱에서 지불을 사용할 수 없으므로 유틸리티 기반 생태계의 성장을 저해한다. 6개월의 기간은 파이오니어에게 긴박감을 주는 동시에 채굴된 Pi를 회수할 충분한 시간을 제공한다. KYC 검증 프로세스는 일반적으로 지난 3년 동안 실행된 Pi의 기계 자동화 예측 메커니즘을 기반으로 Pioneers가 실제 인간일 가능성을 고려한다. 새로 생성된 계정은 30일이 지나야 KYC 인증을 즉시 신청할 수 있다.

마지막으로, KYC 인증을 6개월 이상 지연시킨 Pioneers의 Pi는 메인넷으로 이전되지 않으며 6개월의 KYC 유예 기간 이후 시스템 전체 기본 채굴 비율 계산에 포함되지 않는다. 따라서 파이오니어는 적시에 Pi를 청구해야 한다. 그렇지 않으면 네트워크에 완전히 기여할 수 있는 다른 검증된 파이오니어가 같은 해에 마이닝을 위해 Pi를 기본채굴비율로 재할당 하게 된다.

7) 로드맵

Pi Network는 기술 및 생태계 설계와 개발에 대한 커뮤니티 입력의 중요성에서 특별하다. 이러한 고유성은 커뮤니티 피드백, 제품 테스트, 기능 및 사용자 경험, 이정표로 정의된 단계를 허용하는 사려 깊고 반복적인 접근 방식을 통해 가장 잘 제공된다. 개발에는 (1) 베타, (2) 테스트넷, (3) 메인넷의 세 가지 주요 단계가 있다.

1단계: 베타

2018년 12월에 우리는 iOS 앱 스토어에서 초기 Pioneers를 탑재한 알파 프로토타입으로 모바일 앱을 공개적으로 출시했다. 2019년 3월 14일 Pi Day에 원본 Pi 백서가 게시되어 Pi 네트워크의 공식 출시를 알렸다. 이 단계에서 우리 앱은 Pioneers가 미래 Pi 블록체인의 성장과 보안에 기여함으로써 Pi를 채굴할 수 있도록 했다. 최종 목표는 메인넷을 시작하고 Pi 플랫폼 주변에 생태계를 구축하는 것이었기 때문에 중앙 집중식 Pi 서버에서 실행되는 Pi 앱을 통해 휴대폰 사용자(파이오니어)는 총체적으로 요구되는 신뢰 그래프를 구축한 보안 서클에 기여할 수 있었다. Pi 블록체인의 합의 알고리즘과 그 대가로 Pioneers는 채굴 보상을 받았다. 또한 중앙화 단계에서는 네트워크가 성장하고 커뮤니티가 형성되며 Pi 토큰은 액세스 가능하고 널리 배포된다. 또한 이 단계에서는 개발 프로세스 전반에 걸쳐 커뮤니티 입력을 활용하여 많은 기술적 기능과 Pioneer 경험을 반복할 수 있었다. 베타 단계에서 다음과 같은 주요 성과가 이루어졌다.

- Pi Network 모바일 앱은 iOS App Store 및 Google Playstore 를 통해 액세스할 수 있다.
- Pi Network는 0명에서 350만 명이 넘는 참여 파이오니어로 성장했다.
- Pi Network 커뮤니티는 앱 홈 화면 상호작용 및 채팅 앱을 통해 프로젝트에 적극적으로 참여했다.
- Pi Network는 전 세계 233개 국가 및 지역에 도달했다.

2단계: 테스트넷

이 단계는 2020년 3월 14일에 시작되어 탈중앙화 블록체인으로의 전환을 위한 또 다른 중요한 준비, 즉 전 세계의 분산된 노드가 있는 라이브 테스트넷을 표시한다. Pi Network의 Node 소프트웨어는 개별 컴퓨터가 Test-Pi 코인을 사용하여 Pi Testnet 실행을 지원할 수 있도록 했다. Test-Pi는 테스트 목적으로만 사용할 수 있으며 Pi 앱의 파이오니어 계정 잔액과 관련이 없다. Pi 테스트넷은 10,000개 이상의 완전한 기능을 갖춘 커뮤니티 노드와 100,000개 이상의 일일 활성 노드에 도달했으며 메인넷 단계에서 테스트 목적으로 계속 존재할 것이다.

Pi 테스트넷을 통해 블록체인의 연결성, 성능, 보안 및 확장성을 테스트할 수 있으며 Pi 앱 개발자가 메인넷에 앱을 배포하기 전에 Pi 앱을 개발할 수 있다. 테스트넷 단계에서 3가지 주요 전략이 채택되었다.

(1) 테스트넷 노드를 통한 분산화
(2) 모바일 마이닝을 위한 메인 Pi 앱을 통한 성장
(3) Pi 브라우저의 Pi 앱 플랫폼을 통한 유틸리티 생성

테스트넷은 1단계의 Pi 모바일 마이닝 앱과 병렬로 실행되었으며 분산형 커뮤니티 노드가 온라인 상태가 되어 메인넷을 준비할 수 있도록 했다. 특히 테스트넷 노드는 블록체인의 성능, 보안 및 확장성을 평가하는 데 도움이 되었다. 또한 Pi 앱 개발자가 Pi 블록체인에 대해 앱을 테스트하는 데 도움이 되었다. 동시에 Pi 모바일 마이닝 앱은 계속해서 수백만 명의 파이오니어를 온보딩하여 커뮤니티를 구축하고 블록체인의 보안에 기여했다. Pi SDK와 함께 Pi 브라우저를 통해 커뮤니티는 유틸리티를 만들고 Pi 생태계를 개발할 수 있었다. 테스트넷 단계에서 다음과 같은 주요 성과가 이루어졌다.

- Node 소프트웨어의 여러 버전이 출시되었다.
- Pi 플랫폼은 생태계 인프라의 핵심 요소인 월렛, 브라우저, 브레인스톰 및 개발자 도구와 함께 출시되었다.
- KYC 앱의 파일럿 버전이 Pi 브라우저에 도입되었다.
- 이 프로젝트는 파이오니어 커뮤니티 내에서 수천 명의 참가자와 함께 최초의 전 세계 온라인 해커톤을 진행했다.
- Pi Network는 3,000만 명이 넘는 참여 파이오니어, 0에서 10,000개 이상의 완전한 기능을 갖춘 커뮤니티 노드 및 대기자 명단에 있는 100,000개 이상의 일일 활성 노드로 성장했다.
- Pi Network는 전 세계 거의 모든 국가와 지역에 도달했다.

3단계: 메인넷

2021년 12월 Pi 블록체인의 메인넷이 가동되었다. 전화 계정에서 메인넷으로의 Pioneer 잔액 마이그레이션은 이 기간 동안 시작된다. 파이오니어의 KYC 인증은 메인넷으로의 잔액 마이그레이션에 앞서 진행된다. 수백만 명의 파이오니어가 KYC 인증을 성공적으로 완료하고, Pi 생태계에서 유틸리티를 만들고, 기술 및 생태계 설계를 계속 반복할 수 있도록 충분한 시간을 허용하기 위해 메인넷에는 두 가지 기간이 있다. 처음에는 방화벽이 있는 메인넷 즉 폐쇄형 네트워크, 그 다음은 메인넷 즉 개방형 네트워크를 연다.

폐쇄형 네트워크 기간

이 기간은 2021년 12월에 시작되었다. 폐쇄형 네트워크 기간은 메인넷이 활성 상태이지만 원하지 않는 외부 연결을 방지하는 방화벽이 있음을 의미한다. 파이오니어는 KYC에 시간을 할애하고 Pi를 라이브 메인넷 블록체인으로 마이그레이션할 수 있다. 메인넷으로 마이그레이션된 모든 잔액은 Pioneer의 선택에 따라 Pi 앱에서 상품 및 서비스를 구매하거나, 다른 Pioneer로 이전하거나, 더 높은 채굴 속도를 위해 일정 기간 동안 락업하는 데 사용할 수 있다. KYC가 완료된 Pioneers는 Pi Network 내의 폐쇄된 환경에서 메인넷의 Pi를 자유롭게 사용할 수 있다. 그러나 이 기간은 Pi 블록체인과 다른 블록체인 간의 연결을 허용하지 않는다.

Mainnet에 대한 Two-Period Approach의 장점

완전히 개방된 메인넷으로 진입하기 위한 중간 봉쇄 기간에는 여러 가지 이점이 있다. 이 접근 방식은 다음을 위한 시간을 허용한다. KYC를 통과하는 전 세계 수백만 명의 파이오니어가 더 많은 Pi 앱을 구축 및 배포하고 더 많은 유틸리티를 만들고 사용할 수 있도록 한다.

테스트넷에 배포된 Pi 앱을 메인넷으로 전환

개방형 네트워크 이전에 메인넷 및 생태계에 대한 모든 수정 및 조정을 반복한다. 폐쇄형 네트워크 기간은 수백만 명의 파이오니어들이 KYC에 참여하고 Pi를 메인넷으로 마이그레이션할 수 있는 시간을 허용한다. 파이오니어 중 극히 일부만이 메인넷 출시 즈음에 KYC를 완료할 수 있었다. 앞으로 몇 달 동안 우리는 계속해서 더 많은 파이오니어에게 KYC 솔루션을 출시하고 그들이 KYC를 완료하도록 도울 것이다.

Testnet에서 Open Network로 직접 이동하면 다른 사람보다 먼저 KYC를 할 수 있었던 Pioneer는 Pi 플랫폼 외부에서 Pi를 사용할 수 있지만, 여전히 KYC를 완료하기 위해 기다리고 있는 Pioneer는 아직 이 권한을 갖지 못할 것이다. 전 세계의 파이오니어가 KYC를 완료할 수 있는 속도는 각 지역 커뮤니티가 KYC 검증자 크라우드 작업 인력을 제공하는 속도와 개별 파이오니어가 KYC에 참여하는 속도에 따라 달라진다.

폐쇄형 네트워크 기간을 갖는 것은 수백만 명의 파이오니어가 KYC를 완료하고 파이를 메인넷으로 전송할 수 있는 시간적 여유를 제공한다. 이렇게 하면 합리적인 기간 내에 KYC를 완료할 의지와 능력이 있는 모든 파이오니어들이 Pi 플랫폼 외부에서 Pi를 사용할 수 있다. 폐쇄 네트워크 기간 동안 Pi 블록체인과 다른 블록체인 또는 시스템 간의 외부 연결이 허용되지 않기 때문에 Pioneers가 Pi 블록체인 외부의 영향 없이 메인넷으로 전환하는 데 집중할 수 있다.

이 기간은 또한 커뮤니티가 외부 방해 없이 유틸리티를 만들고 생태계를 부트스트래핑하는 일에 도움이 될 것이다. 유틸리티 기반 생태계를 가능하게 하는 Pi 네트워크의 비전과 일치하여 앱이 메인넷에 배포하고 파이오니어를 위한 유틸리티를 만들 수 있다. Pi 앱은 테스트넷에서 메인넷으로, 즉 실제 Pi 트랜잭션을 위한 프로덕션 모드로 전환할 수 있다. 현재 KYC'ed(KYC를 통과한) 파이오니어는 Pi 앱에서 Pi를 사용하여 유틸리티 생성을 촉진하고 Open Network 이전에 Pi 생태계를 육성(부트스트래핑)할 수 있다. Open Network로의 이 점진적이고 의도적인 램프(경과과정)는 앱과 Pi Network가 시장과 기술의 결함을 발견하고 해결하는 데 도움이 될 것이다. 따라서 폐쇄형 네트워크 기간은 유틸리티 기반 생태계에 대한 Pi의 철학과 일치한다.

또한 폐쇄형 네트워크를 사용하면 메인넷이 테스트넷과 다른 프로덕션 데이터 및 실제 Pi로 실행될 수 있다. 폐쇄형 네트워크 중에 수집된 데이터는 필요한 경우 모든 구성과 공식을 조정하여 안정적이고 성공적인 개방형 네트워크를 보장하는 데 도움이 된다.

8) KYC 인증 및 메인넷 잔액 이체

KYC는 실제 계정과 가짜계정을 구별하기 위해 신원을 확인하는 프로세스이다. Pi Network의 비전은 모든 파이오니어를 위해 포괄적이고 가장 널리 배포되는 토큰 및 생태계를 구축하는 것이다. Pi Network의 마이닝 메커니즘은 소셜 네트워크 기반이며 소셜 네트워크 규모가 1천 명~1천만 명(1K, 10K, 100K, 1M 및 10M)의 참여 회원 이상으로 성장할 때까지 마이닝 비율은 5배로 감소했다. 따라서 Pi는 1인당 하나의 계정이라는 엄격한 정책을 가지고 있다. 이를 위해서는 네트워크의 구성원이 진정한 인간임을 입증하기 위해 높은 수준의 정확성이 필요하며, 개인이 가짜계정을 만들어 Pi를 부당하게 축적할 수 없도록 한다. Pioneers의 KYC 결과는 신원 확인뿐만 아니라 Pi 계정과의 이름 일치 및 정부 제재 목록에 대한 심사에 따라 달라진다.

네트워크 설립 당시 전달한 바와 같이 진정한 인간성을 보장하기 위해 가짜 Pi 계정 및 스크립트 마이닝은 엄격히 금지된다. 이 계정은 비활성화되며 메인넷으로 마이그레이션할 수 없다. 지난 3년 동안 봇과 가짜계정을 식별하기 위해 여러 기술 메커니즘이 구현되었다. Pi의 알고리즘에 의해 가짜일 가능성이 높은 것으로 식별된 계정의 경우 그렇지 않음을 증명하기 위한 추가적인 서류를 제출하여야 한다. 이렇게 식별된 가짜계정은 비활성화되거나 훨씬 더 엄격한 검토 및 항소 절차를 거친다. KYC 슬롯 할당은 진정한 인간 보유자일 가능성이 높은 계정에 우선 순위가 부여된다.

신원이 확인된 계정만 메인넷으로 전환할 수 있으며 신원 확인 계정에 귀속된 Pi 잔액만 메인넷 잔액으로 이전할 수 있다. 파이오니어와 추천 팀 및 보안 서클 구성원이 통과하면 KYC는 파이오니어가 잔액을 전송할 수 있는지 여부와 시기 및 범위가 결정된다.

아래는 파이오니어의 KYC 인증이 메인넷으로 마이그레이션할 때 잔고에 어떤 영향을 미치는지 설명하는 가상의 예이다. 단순화를 위해 Pi 저울의 다양한 개념을 다음과 같이 정의한다.

- Mobile Balance: Pi 모바일 앱의 Pioneer 계정에 현재 표시되는 Pi 잔액
- Transferable Balance: 파이오니어와 Referral Teams 및 Security Circles의 특정 관련 개인이 KYC를 통과하여 메인넷으로 전송이 허용된 잔액
- 메인넷 잔고: 메인넷으로 이전된 잔고
- 개인 A가 모바일 잔액을 이체하려는 Pi 계정의 소유자라고 가정한다. 파이오니어 A는 신원이 확인된 경우, 즉 KYC를 통과한 경우에만 모바일 잔액을 메인넷으로 이체할 수 있다.

- 이 개인이 자신의 추천 팀에 개인 B, C, D, E가 있고 보안 서클에 개인 D, E, F, G가 있다고 가정해 보자. 지금까지 개인 A, B, D, F만 KYC 인증을 완료했다. 이 예제 설정에서:

✓ A는 KYC를 통과한 채굴 파이오니어임.

✓ B, C, D, E는 A의 추천 팀에 있음.

✓ D, E, F, G는 A의 보안 서클에 있음.

✓ A, B, D, F는 KYC를 통과했음.

✓ 여기서 A의 양도 가능 잔액은 다음 세 가지 구성 요소의 합계이다.

- Pioneer Rewards: 모든 마이닝 세션에서 A의 Pioneer 상태를 기반으로 Pi 마이닝
- 기여자 보상: 모든 채굴 세션에서 기여자로서 A의 채굴률에 대한 D와 F의 기여도
- 앰배서더 보상: 추천팀원인 B와 D가 A가 채굴한 것과 같은 세션에서 채굴했을 때 모든 채굴 세션의 채굴 보너스
- Pioneer A의 추천 팀 및 Security Circle 구성원 C, E, G가 KYC를 통과하면 할수록 A의 모바일 잔액 중 더 많은 부분이 양도 가능한 잔액이 되어 A가 메인넷으로 마이그레이션된다.

메인넷 기간 동안 양도 가능 잔액이 되지 않은 모든 모바일 잔액은 추천 팀 및 보안 서클에 있는 파이오니어가 KYC를 통과하고 해당 금액이 메인넷으로 양도 가능해질 때까지 모바일 마이닝 앱에 남아 있다. 위의 Pioneer A 예시의 경우, C, E, G의 잔액 기부는 A의 모바일

잔액으로 남아 해당 잔액을 양도할 수 있도록 KYC를 통과할 때까지 기다린다. 이러한 연결된 계정이 KYC를 통과하지 못하는 경우, 이러한 비 KYC'ed(KYC를 통과하지 못한) 계정에 남아 있는 잔액은 전체 네트워크가 KYC에 도달할 수 있는 충분한 시간을 허용하는 특정 날짜에 만료된다. KYC 미통과로 인해 청구되지 않은 잔액은 메인넷으로 전송되지 않고 폐기되며, 다른 KYC'ed(KYC를 통과한) 파이오니어가 채굴할 수 있도록 해제된다.

9) 폐쇄형 네트워크의 제한 사항

Pi 앱과 Pioneer 간의 거래 및 Pioneer-to-Pioneer 거래는 Pi Network 내에서 허용되지만, 폐쇄형 네트워크에는 아래와 같은 제한이 있다. 이 단계에서 이러한 제한 사항은 네트워크의 밀폐된 특성을 적용하는 데 도움이 된다.

- Pi와 다른 블록체인 또는 암호화 교환 간에는 연결되지 않는다.
- 메인넷은 Pi 브라우저의 Pi Wallet 및 Pi 앱을 통해서만 액세스할 수 있다.
- 메인넷 블록체인은 인터넷의 모든 컴퓨터에서 액세스할 수 있지만 위의 규칙을 적용하기 위해 방화벽을 통해서만 액세스할 수 있다.
- 방화벽이 항상 제자리에 있는지 확인하기 위해 메인넷에는 핵심 팀 노드만 있을 것이다.
- 폐쇄형 네트워크(Enclosed Network)는 Pi 생태계의 경제 활동과 성장을 지원한다. 따라서 KYC'ed Pioneer는 Pi Wallet을 사용하

여 Pi에서 거래할 수 있으므로 Pi Wallet을 통해 Pioneer-to-Pioneer 거래가 가능하다. 또한 파이오니어들은 Pi 앱 SDK 및 Pi 블록체인 API를 통해 메인넷에 액세스할 수 있는 Pi 브라우저의 Pi 앱에서 Pi를 사용할 수 있다. 폐쇄형 네트워크 기간 동안 Pi 브라우저의 앱은 메인넷과 상호작용하기 위해 방화벽에 의해 허용된 Pi 블록체인 API만 사용할 수 있다.

- Pioneer-to-Pioneer, Pioneer-to-App 및 App-to-Pioneer 간의 트랜잭션의 다음 사용이 허용된다.
- Pi 앱을 통해 Pi를 상품 및 서비스로 교환, 상품 및 서비스에 대한 파이오니어 간 Pi 전송

그러나 다음 사용은 금지된다.
- Pi를 법정화폐로 교환
- Pi를 다른 암호화폐로 교환
- Fiat 또는 기타 암호화폐의 향후 약속을 위해 Pi로 전송

우리는 메인넷에 방화벽을 추가하고 이 임시 기간 동안 메인넷 노드를 독점적으로 실행함으로써 위의 제한을 시행할 것이다. 커뮤니티 노드는 폐쇄형 네트워크 기간 동안 테스트넷에서 계속 실행된다. 커뮤니티 노드가 메인넷에서 실행될 수 있는 개방형 네트워크 기간을 준비하기 위해 노드에 대한 인터페이스 및 기타 변경 사항을 계속 구현할 것이다. 네트워크를 봉인하기 위한 네트워크의 제한은 개방형 네트워크에 도달하면 완화될 것이다.

10) 개방형 네트워크 시대

개방형 네트워크 시대는 폐쇄형 네트워크(Enclosed Network) 생태계의 성숙도와 KYC 진행 상황에 따라 이 기간은 Pi Day(2022년 3월 14일), Pi 2Day(2022년 6월 28일) 또는 그 이후에 시작될 수 있다. 개방형 네트워크 기간은 폐쇄형 네트워크 기간의 방화벽이 제거되어 다른 네트워크, 지갑 및 Pi Mainnet에 연결하려는 모든 사람과 같은 외부 연결을 허용함을 의미한다. 이때가 되면 API 호출은 방화벽으로 보호되지 않으며 Pioneers는 자체 Pi 노드 및 API 서비스를 실행할 수 있다. 파이오니어들은 다른 블록체인과 연결될 것이다. 커뮤니티 노드는 메인넷을 실행할 수도 있게 된다.

미주

1) KBS, [경제합시다] 하마스 전쟁자금은 '비트코인'?… "2년간 550억 입금 정황", 2023.10.11

2) 세계대사상전집 14, 하출서방, 동경, pp. 22-25

3) 피케티, 『21세기 자본』, 2014. 9, 글항아리, 연세대 강의에서

4) 조지프 스티글리츠, 『불평등의 대가』, 열린책들, 2022.3.
   https://investpension.miraeasset.com/file/pdfView.do?fileNm=1664426196768.pdf,
   THE SAGE INVESTOR, 2022.Vol.71, 미래에셋

5) 조지프 스티글리츠, 『불평등의 대가』, 27p, 열린책들, 2022.3.

6) 조지프 스티글리츠, 『불평등의 대가』, 52~53p, 열린책들, 2022.3.

7) 조지프 스티글리츠, 『불평등의 대가』, 22p 선대인, 열린책들, 2022.3.

8) 조지프 스티글리츠, 『불평등의 대가』, 16p, 열린책들, 2022.3.

9) 조지프 스티글리츠, 『불평등의 대가』, 20p, 열린책들, 2022.3.

10) 조지프 스티글리츠, 『불평등의 대가』, 28p, 열린책들, 2022.3.

11) 조지프 스티글리츠, 『불평등의 대가』, 35p, 열린책들, 2022.3.

12) https://x.com/frozengr/status/1325766150714781698?s=20

13) 안동수, 『따뜻한 자본주의 경영』, 대양미디어, 62~69쪽 인용.

14) 피케티, 『21세기 자본』 바로읽기, 2014. P.108.

15) 알라딘 서재 http://blog.aladin.co.kr/town

16) 알라딘 서재 http://blog.aladin.co.kr/town

17) 피케티, 『21세기 자본』, 2014. 9, 글항아리, P.450.

18) 조지프 스티글리츠, 『불평등의 대가』, 서문 41p, 열린책들, 2022.3.

19) 박성준 동국대학교 블록체인 연구센터 센터장, 블록체인 암호경제, 디지털 금융 가상자산 투자 최고위 과정 연세대학교 최고경영자과정 강의, 2022년 11월 29일

20) https://namu.wiki/w/대항해시대

21) 서울대학교 국가미래전략원, 〈한국 주도 동심원 전략〉, 2023년 9월, 2023년 연차보고서 강대국 외교 구상

22) 비트코인: A Peer-to-Peer Electronic Cash System, Satoshi Nakamoto, satoshin@gmx.com www.비트코인.org

23) 김서준 해시드대표, 블록체인과암호화폐는어떻게 주주자본주의를 재구성할 수 있을까? , 블록체인비트코인 미래 기술 강연 강의 암호화폐 세바시 917회, 2019. 12. 15.

24) 민문호 주)오썸피아 대표, Web3시대 메타버스 융합 비즈니스/ 디지털 금융 가상자산 투자 최고위 과정 연세대학교 최고경영자과정 강의, 2023년 1월 17일

25) 최진홍 기자, 디지털 본능 깨어나는 웹3의 일본…한국은 여전히 '묻지마 쇄국정책', 이코노믹리뷰, 2023.08.11

26) 〈가상자산산업 발전을 위한 제언〉, 포항공대 컴퓨터공학과 박찬익 교수칼럼

27) 최진홍 기자, 디지털 본능 깨어나는 웹3의 일본…한국은 여전히 '묻지마 쇄국정책', 이코노믹리뷰, 2023.08.11

28) Ungsuh Kenneth Park, NEW WEALTH of NATIONS, 384p, Sep. 12th, 2023, Daeyang Media

29) Pioneer Peter, Pi Network Breaking Crypto Ground, July 2023, Publisher: Pioneer Peter 참고하여 재작성

30) https://pixelplex.io/blog/what-is-web-3-0/ ine learming

31) 출처: https://cointelegraph.com/magazine/dao-challenge-business-model-become-new-corporate-paradigm/ , Magazine by Cointelegraph

32) 채훈 블루힐릭스 코리아 대표, 한국 블록체인 업계의 과거, 현재, 미래. 디지털 금융 가상자산 투자 최고위 과정 연세대학교 최고경영자과정 강의, 2022년 12월 6일

33) 정제건 EQBR 홀딩스 이사, Web3 대중화를 위해 필요한 것들, 디지털 금융 가상자산 투자 최고위 과정 연세대학교 최고경영자과정 강의, 2022년 12월 6일

34) 디지털 자료 분석 단체 '벨링캣'의 창립자 엘리엇 히긴스가 AI를 이용해 만들었다고 밝혀졌었다.

35) 두산백과 두피디아/스위프트(SWIFT): Society for Worldwide Interbank Financial Telecommunication/외국환거래의 데이터통신망을 구축하기 위하여 설립된 국제협회

36) 위키피디아/제드 맥칼렙, 조이스 김 공동창업자/Stellar Lumens은 디지털 통화를 위한 오픈 소스 분산형 프로토콜로 모든 통화 쌍 간의 국경 간 거래를 허용하는 저비용 화폐 전송을 제공합니다.

37) Decenter뉴스/IBM 블록체인 월드와이어: 부산은행, 국내 최초로 IBM 블록체인 월드와이어 가입/https://decenter.kr/NewsView/1VGNEAP3SR

38) 위키피디아/스텔라합의프로토콜(Stellar Consensus Protocol): 스텔라 루멘스(Stellar Lumens)는 디지털 통화에서 법정화폐의 저가 전송을 위한 오픈 소스 분산 프로토콜이다. Stellar 또는 Stellar Lumens는 디지털 통화에서 법정화폐 저가 이체를 위한 오픈 소스 분산 프로토콜로, 모든 통화 쌍 간에 국경 간 거래를 허용합니다.

39) 해커톤[영어: hackathon; 해킹(hacking) + 마라톤(marathon)]은 소프트웨어 개발 분야의 프로그래머나 관련된 그래픽 디자이너, 사용자 인터페이스 설계자, 프로젝트 매니저 등이 정해진 시간 내에 집중적으로 작업하여 결과물을 만들어내는 소프트웨어 관련 이벤트이다.

40) 네이버 지식백과/분산 응용(DApp, Decentralized Application): 분산원장 시스템에서 수행되는 탈중앙화 된 응용 프로그램으로 사용자와 제공자 간에 상호작용을 직접적으로 할 수 있게 하는 서비스다. 금융, 보험, 소셜 네트워크, 게임, 도박, 협업 등 다양한 분야에 활용할 수 있다.

41) 위키피디아/결제 시스템(Payment system): 결제 시스템은 금전적 가치 이전을 통해 금융 거래를 결제하는 데 사용되는 시스템 입니다.

42) 파이 네트워크 & 트위트(X): 파이코인의 트위트 팔로워 수 263만명 https://twitter.com/

PiCoreTeam

43) 리플(RIPPLE) & 트위터(X): 리플의 트위트 팔로워 수 268만명, 리플의 임무는 경제적 국경이 없는 세계를 위한 획기적인 암호화 솔루션을 구축하는 것입니다./https://twitter.com/ripple

44) 박문각 시사상식사전/고객알기제도: Know Your Customer(KYC)/금융기관의 서비스가 자금세탁 등 불법행위에 이용되지 않도록 고객의 신원, 실제 당사자 여부 및 거래목적 등을 금융기관이 확인함으로써 고객에 대해 적절한 주의를 기울이는 제도를 말한다.

45) 네이버 지식백과/스크립팅(Scripting): 응용 프로그램이나 셸의 기능을 보완하기 위한 처리 순서를 기술한 간단한 프로그램을 스크립트라 하는데, 이 프로그램을 기술하여 처리하는 것.

46) 네이버 지식백과/Web: Web1인 월드 와이드 웹(WWW)은 사용자가 방송처럼 일방적으로 정보를 받는 것이었고, Web2는 참여, 공유, 개방의 플랫폼 기반으로 정보를 함께 제작하고 공유하는 것이었다. 그러나 Web3는 개인화, 지능화된 웹으로 진화하여 개인이 중심에서 모든 것을 판단하고 추론하는 방향으로 개발되고 활용될 것이다.

47) 두산백과 두피디아 니모닉(mnemonic): 어떤 것을 기억하는 데 쉽게 하도록 도움을 주는 것, 또는 쉽게 기억되는 성질이다.

48) 네이버 지식백과 한경 경제용어사전/클라우드 서비스(Cloud Service): 인터넷으로 연결된 초대형 고성능 컴퓨터에 소프트웨어와 콘텐츠를 저장해 두고 필요할 때마다 꺼내 쓸 수 있는 서비스다.

49) ITWORLD뉴스/멀티팩토리(Multi-Factory) 인증/https://www.itworld.co.kr/news/121728 모든 로그온에 MFA(Multi-Factory Authentication) 요구

50) 2023년 8월 경 Pi 노드 현황, network dashboard 인용

51) 수식 등 지극히 이론적인 내용은 제외하고, 파이오니어가 실질적으로 참조할 만한 내용 위주로 편집함.

52) 연합 비잔틴 동의는 리소스 기반의 합의 참여 조건이 없다. 비트코인의 작업증명과 이더리움 캐퍼스 지분증명 방식은 각각 연산 능력과 담보금이 있어야 된다는 참여 조건이 있다. 연합 비잔틴 동의는 그와 상반된 모습을 보여주며 네트워크에 참여하는 노드라면, 네트워크에 기여할 수 있는 하나의 시민 노드로 인정되어 각 노드는 1표를 받게 된다. 각 노드들은 각자의 성능과 상관없이 스텔라의 합의 과정에 참여하여 하나의 연방을 이루게 된다. (네이버 사전)

53) 비잔티움 장애 허용(영어: Byzantine Fault Tolerance)은 두 장군 문제(Two Generals Problem)를 일반화한 문제인 비잔티움 장군 문제(영어: Byzantine Generals Problem)로부터 파생된 장애 허용 분야 연구의 한 갈래다. 이 분야의 연구는 비잔티움 장애(영어: Byzantine faults)라고 불리는 시스템에 생길 수 있는 임의의 장애를 견딜 수 있는 시스템을 만들기 위한 것이 목적이다. 이 비잔티움 장애는 단지 시스템이 멈추거나 에러 메시지를 내보내는 것과 같은 장애 뿐 아니라, 잘못된 값을 다른 시스템에 전달하는 등의 좀 더 그 원인을 파악하기 어려운 장애들까지 포함한다. 제대로 구현된 비잔티움 장애 허용 시스템에서는 미리 정해진 정도를 넘지 않는 부분에서 어떠한 형태의 장애가 있더라도 정확한 값을 전달할 수 있다.(위키백과)

공저자 약력

성명, 초대코드, 메일, 주요 활동 분야

구기압

* jinzaroo
* killaji@naver.com
* 현) 네이버 블로거 '구기압'
* 현) 나도투자연구소 투자전문가
* 전) 삼성전자 1차벤더 장비기업 설계팀장

권용욱

* KWONYOUNG1
* kyaw86@naver.com
* 현) 용크컴퓨터 대표
* 현) 노드전문채널 용크컴퓨터 유튜버
* 전) 하이마트 삼성전자 마케팅 담당

김용대

* ydkim72
* yongdkim72@gmail.com
* 현) 금통홀딩스 부사장
* 전) 대림산업(디엘이앤씨)구매부장

김현무

* khm3651
* hm3651@naver.com
* 현) 검 · 경 합동신문사 편집국장
* 현) 대한효실천국민운동본부 총재
* 현 (사)한국유스호텔연맹 고문
* 현) 골드문그룹 총괄회장(코인사업전문 상장회사)

박창용

* parkchangyong77
* pcyjhj@gmail.com
* 현) 대한민국파이재단 총괄기획, 교육전문가

안동수

* ads7773
* ahnchain@gmail.com
* 경영학 박사
* 현) 사단법인 한국블록체인기업진흥협회 수석부회장
* 전) KBS 부사장
* 『따뜻한 자본주의 경영』 저자
* 『21세기 신뢰자본과 기업 경영』 저자
* 『인공지능 메타버스I 시대 미래전략』 공저자
* 『AI 시대의 미디어』 공저자
* 『휴대폰 인류의 DeFi 혁명』 대표저자
* 『알기쉬운 비트코인 가상화폐』 대표저자
* 『디지로드 5.0 』 저자

오경운

* Kk82951494
* realmentor@kakao.com
* 현) 실버산업 디벨로퍼 / 사회복지사
* 현) 한경 기업경영지원본부 (전문위원) / 경영컨설턴트
* 현) 리치웰빙몰(주) (전무이사)
* 현) 한국과학기술정책협회 (이사)

이원일

* coffeedosa
* ywi201@naver.com
* 현) 카페디레마대표
* 현) 커피도사유튜버
* 전) 리더십교육기관 구루피플스 (주)아그막 수석연구원

이효권

* ok99
* blockchainok@gmail.com
* 평생교육사
* 민간조사원(BPI)
* 현) (사)한국블록체인기업진흥협회 디지털자산기업평가위원, 기술위원장
* 현) 블록체인 가상자산 민간조사원」교육강사,
* 전) (주)알리바바쇼핑몰, (주)한국한방과학연구소 대표
* 『행복을파는장사꾼』 공동저자

PINOMICS

신흥 부자로 가는 길, 파이코인을 잡아라!

초판 인쇄 2023년 10월 25일
초판 발행 2023년 10월 30일

공저자 구기압, 권용욱, 김용대, 김현무, 박창용
　　　　안동수, 오경운, 이원일, 이효권
펴낸이 서영애

펴낸곳 대양미디어
주소 04559 서울시 중구 퇴계로45길 22-6, 602호
전화번호 (02)2276-0078
팩스번호 (02)2267-7888
이메일 dymedia@hanmail.net

값 18,000원
ISBN 979-11-6072-118-8 03320